和平教育
PEACE EDUCATION

刘成 主编

UNESCO Chair on Peace Studies
NANJING UNIVERSITY
People's Republic of China

冲突
转化

The Little Book of Conflict Transformation

［美］ 约翰·保罗·莱德拉赫　著

黄牧宇　译

南京师范大学出版社

图书在版编目（CIP）数据

冲突转化 /（美）约翰·保罗·莱德拉赫著；黄牧宇译． -- 南京：南京师范大学出版社, 2024.4
（和平教育书系 / 刘成主编）
书名原文：The Little Book of Conflict Transformation
ISBN 978-7-5651-5617-5

Ⅰ. ①冲… Ⅱ. ①约… ②黄… Ⅲ. ①和平学—研究 Ⅳ. ① D068

中国国家版本馆 CIP 数据核字（2023）第 004402 号

The Little Book of Conflict Transformation by John Paul Lederach
Copyright © 2003 by John Paul Lederach
Published by arrangement with Skyhorse Publishing
through Andrew Nurnberg Associates International Limited
Simplified Chinese Translation Copyright © 2024 Nanjing Normal University Press
All rights reserved
本书简体中文版经授权由南京师范大学出版社出版发行
著作权合同登记号　图字：10-2022-393

丛 书 名	和平教育书系
丛书主编	刘　成
书　　名	冲突转化
著　　者	[美] 约翰·保罗·莱德拉赫
译　　者	黄牧宇
策划编辑	郑海燕　刘双双
责任编辑	王　嘉
书籍设计	瀚清堂｜李木以　陈冰菁
出版发行	南京师范大学出版社
地　　址	江苏省南京市玄武区后宰门西村9号（邮编：210016）
电　　话	(025)83598712（编辑部）　83598919（总编办）　83598412（营销部）
网　　址	http://press.njnu.edu.cn
电子信箱	nspzbb@njnu.edu.cn
印　　刷	南京新世纪联盟印务有限公司
开　　本	889毫米×1194毫米　1/32
印　　张	4.125　　字　　数　74千
版　　次	2024年4月第1版
印　　次	2024年4月第1次印刷
书　　号	ISBN 978-7-5651-5617-5
定　　价	35.00元

出 版 人　张　鹏

* 南京师大版图书若有印装问题请与销售商调换
* 版权所有　侵犯必究

译者序

黄牧宇

在我初次涉足和平学领域时，曾经一度混淆冲突解决、冲突管理和冲突转化的概念，认为它们不过是相同概念的不同译法罢了。随着学习的深入，我逐渐领悟到，这些看似相近的术语，反映出的是背后迥异的冲突观，也指导了不同的冲突应对策略。

冲突解决是较早出现的术语，它认为冲突是一种负面的现象，需要通过外部干预来终止暴力，恢复秩序。它致力于通过仲裁、调解和谈判等方式来结束冲突，寻找各方都能接受的解决方案。它的核心目标是消除暴力，以实现和平共处。冲突解决方法的精髓在于寻求妥协和协商，以确保各方的权益得到平等的尊重，其优势在于能够迅速地停息暴力，避免更多的伤亡和损失；缺点是不能够深入地解决冲突背后的根本原因，也并不将改善冲突双方之间的关系置于优先议程。冲突管理则侧重于控制和减轻冲突的程度，以避免冲突升级并导致暴力行为的发生。它强调预防和干预，以确保冲突不会失控。冲突管理方法的关键在于制定有效的策略和措施，以确保冲突不会对个体或社会造成不可逆转的伤害。冲突管理的优点是能够有效地预防暴力，促进合作与发展；缺点是不能够完全地消除暴力的结构，也难以保证长期的稳定与和平。

冲突转化则是以积极的态度来看待冲突，它不将冲突视为问题，而是一种机会。冲突转化方法强调从一个更宏观的视角来看待冲突事件，探索其中潜藏的人际关系模式，以建设性的方式推动这些模式的变革，从而建立积极和平的关系状态。它将冲突视为人际关系中的自然现象，并强调以冲突为契机来促进人际关系的提升和改善。冲突转化的理论范式颠覆性地转变了我们对冲突的认知。如果传统的冲突观认为冲突是一次关系的危机与挑战，强调避免冲突或防备风险的发生，而冲突转化理论则奉行"危中寻机，化危为机"的理念，这八个字恰恰能够概括冲突转化的基本原理。在这一范式下，冲突不再被看作一种破坏性的事件，而是看到了冲突背后蕴藏的无限潜能，认为冲突是成长的契机，是生活的赠礼。冲突有助于揭示人际关系中存在的问题，促使我们放缓脚步，回首反思，这对维系真诚的关系与有活力的社会结构有着积极的作用。冲突转化的优点是能够根本地消除暴力，实现公正与和谐；困难在于需要长期地投入资源和精力，也需要双方或多方都有转化意愿和能力。

冲突转化理论的构建者，即本书的作者约翰·保罗·莱德拉赫，是美国圣母大学国际和平建设专业的荣誉退休教授，因其在冲突转化领域的开创性工作而享誉学界与业界。他在拉丁美洲、非洲和美国有着丰富的和平建设工作经验，曾在五大洲的25个国家帮助设计和开展培训项目。这些实践经历为其冲突转化理论体系的建立与丰富奠定了基础。

本书中，莱德拉赫用生动形象的语言概述了冲突转化理论的核心思想。作者开篇便强调了冲突转化方法的核心技术——全焦段的全景视野，这不仅包括宏观层面审视冲突各方关系结构的全局观，也包括中观纵览冲突来龙去脉的历史关怀，更包括聚焦微观具体冲突事件解决方案的现实关怀。作者将冲突转化的方法比作戴上一种渐进式眼镜，这种眼镜能够聚焦不同距离的物体，帮助我们看清冲突的全貌。冲突转化的进程就像运动中的人体，要发挥稳健的运动机能，需要头、心、手、腿和脚在各司其职的同时共同协作。大脑指导我们以积极的态度和创造性的信念看待冲突；心脏是血液循环的中心，时刻提醒我们冲突转化要从关系出发，最终又要回归关系本身，改善人际关系是冲突转化的旨归；手是人类用来创造和操作的器官，提醒我们冲突转化不仅要有理论的愿景，更要采取积极的行动；腿和脚带我们走向理想的未来，应时刻牢记冲突转化要向着减少暴力和增进公正的目标前进。由此，我们便开启了变革的旅途。旅途中，我们将致力于减少冲突对个人身心的破坏性影响；增进人际层面的互相理解；发掘并改善冲突表象下的结构性根源；体认常被忽视的滋长冲突的社会文化因素，并利用现有的文化资源建设性地应对冲突。

在莱德拉赫看来，冲突转化囊括了冲突解决的方法，但又有所超越，它不以解决某一特定问题或事件为重心，而是兼顾探求冲突的中心，即关系模式，既要解决当下的冲突，又要构建可持续的和谐关系。这不仅要对当下的情形有结构性和历史性的分析，更要擘画未来关系的蓝图，也要有在个人、人际、结构和文化层面持续性支撑这一愿景实现的变革进程设计。为了实现这一目标，不光要求我们要有整合线性与循环思维的能力，还要具备一系列思维素养：要打开超越眼前问题的视野，不被紧急迫切的需求所迷惑，而是深入探求冲突背后的动因和关系系统；要能够理解他人的处境但又不卷入他人的焦虑和恐惧，以便更好理解各方的立场和需求；要有同时兼顾短期解决方案和长期变革进程的多线思维能力；要接受并习惯冲突转化常常需要面对两难问题，要认识到冲突环境中存在不同但不一定不相容的目标；不要害怕冲突的复杂性，复杂性意味着它能为建设性变革提供无限可能性；要理解身份认同问题是许多冲突的根源，培养从各方的言语、隐喻和表情中见微知著、理解身份认同问题的能力。在本书的最后，作者用这套理论工具分析了一则现实案例，为我们在生活中应用冲突转化的方法提供了借鉴。

翻译本书对我而言是巨大的挑战，莱德拉赫思路开阔，知识渊博，又有高语境的写作风格，表达内隐且含蓄。我始终在努力紧跟作者的思维节奏，力求准确传达作者的观点和情感，同时保留原文的魅力与风格。但由于认知水平与能力所限，难免有错漏失察，还请广大读者批评指正。本书翻译的过程中，南京师范大学出版社的各位编辑，特别是王嘉、郑海燕女士提出了宝贵的修改意见，友人陆德婷、施跄也帮助推敲了不少细节，在此一并致以衷心的感谢！

此番学习的经历让我认识到，冲突有时很难避免，但暴力可以避免。很多时候，冲突并非无解，而是我们没有认识到方法的存在。我们选择的方法很大程度上决定了冲突的后果是破坏性的还是建设性的。莱德拉赫的《冲突转化》这本小书就为我们提供了一个全新的应对冲突的理论工具,展示了如何在不同领域、不同层面运用冲突转化的原则和技巧——无论是国际间的战争和平,还是国内的矛盾治理;无论是团体间的竞争合作,还是家庭的大事小情;无论是人际间的是非人我,还是人生的理想现实——凡遇冲突,皆可尝试冲突转化的应对方法。本书是适合世界各地的和平实践者、社区工作者参考的实践指南,在处置冲突陷入困顿时不妨一试,或许会柳暗花明。本书也适合各年龄段人群阅读,生活中遇到各类冲突时,不必恐慌焦虑,不妨冷静下来,巧妙地转化冲突,你可能会因此收获一位知心的新朋友,也可能与崭新的自己相遇。我希望本书能够引起更多人对冲突转化的兴趣和关注,能给更多人以启发。

目录

1　什么是冲突转化　　　　　　　　　　1

2　换个视角看冲突　　　　　　　　　　9

3　如何定义冲突转化　　　　　　　　　19

　　　　头　　　　　　　　　　　22
　　　　心　　　　　　　　　　　24
　　　　手　　　　　　　　　　　26
　　　　腿和脚　　　　　　　　　28

4　冲突如何带来变革　　　　　　　　　33

5 转化问题而不是解决问题 43

6 绘制冲突示意图 53

  探究点一：现状 55
  探究点二：未来远景 58
  探究点三：变革进程的设计 59

7 作为变革平台的进程结构 63

  循环与线性的二象性 66
  变革之圈 67
  作为进程结构的变革 71
  转化平台 73

8　锤炼能力　　　　　　　　　　　　77

　　实践技能一　　　　　　　79
　　实践技能二　　　　　　　81
　　实践技能三　　　　　　　83
　　实践技能四　　　　　　　86
　　实践技能五　　　　　　　88

9　应用转化的框架　　　　　　　97

10　结论　　　　　　　　　　　109

译名对照　　　　　　　　　　115

1

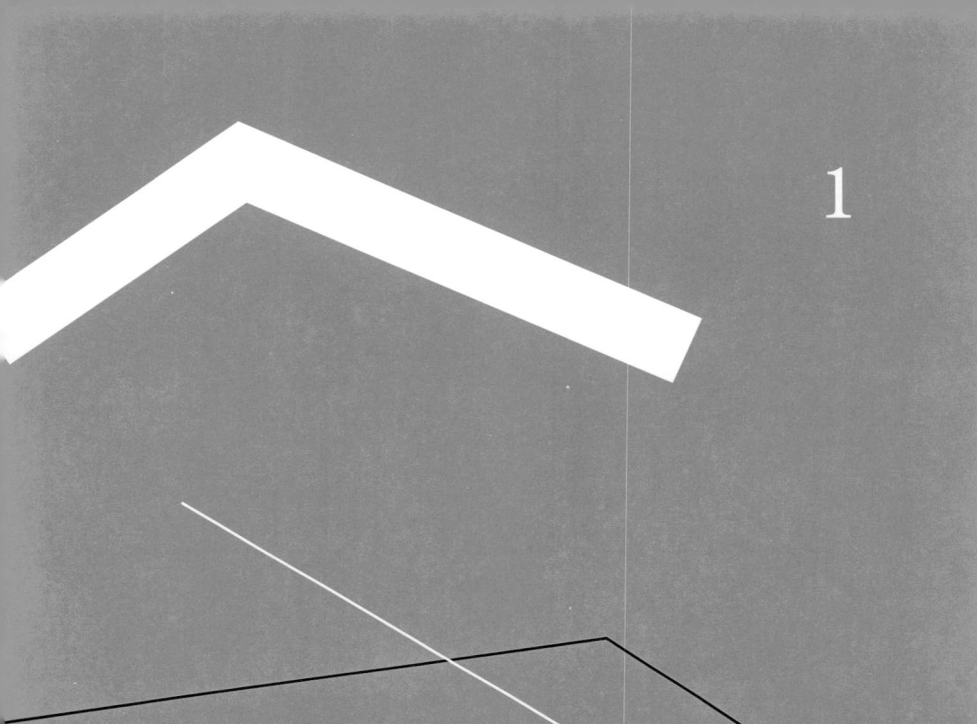

什么是
冲突转化

> 冲突解决、冲突管理，还是冲突转化？

我开始使用**冲突转化**（conflict transformation）这个术语是在 20 世纪 80 年代，在中美洲经历了很多事后，我开始反思究竟该如何称呼这一活动。

刚到那里时，我常会用**冲突解决**（conflict resolution）和**冲突管理**（conflict management）这些常用术语。但我很快发现，我的拉丁美洲同事们对这些概念的内涵存有疑问，甚至有些怀疑。在他们看来，冲突解决存在着弱势一方被吞并或同化的风险，它试图在人们提出重要且正当的要求时消除冲突。我们也不会知道冲突解决是否为表达主张留下了空间。根据他们的经验，快速地解决深层次的社会政治问题往往意味着说大量的好言好语，但其实没有发生什么实质性的改变。在他们看来，"冲突的发生是有原因的，当我们尝试去**解决**冲突时，是否也是在掩盖那些真正需要改变的因素呢？"

他们的担忧与我的经验和态度相一致。我内心深处的使命感，以及贯穿本书大部分内容的框架，均来自再洗礼派[1]（Anabaptist，或门诺派：Mennonite）的宗教伦理框架，这是我的信仰背景。该教派认为，和平应当深植于正义。它强调对人权和生命的绝对尊重是建立正当的人际关系和社会结构的重要因素。它主张将非暴力（nonviolence）作为生活和工作的方式。

我的拉美同事们的担忧切中了问题的要害。我曾帮助中美洲和其他地区为暴力冲突寻找建设性的应对方案，通过这些工作，我愈加坚信，我所做的大部分事情都是在寻求建设性的改变。"冲突转化"一词似乎比冲突**解决**或冲突**管理**更能表达这层含义。

---

1 再洗礼派（Anabaptist），又称重浸派、重洗派，主张凡物公用，强调和平主义，坚持不抵抗的原则。——译者注

20世纪90年代，当我在东门诺大学[1]帮助创建冲突转化项目时，我们就项目名称和术语进行了广泛的争论。在主流学界和政界，"**冲突解决**"更广为人知，也更广为接受。有些人认为，"**转化**"一词似乎太主观化，还有人认为它太理想化了，更有人说它太不切实际，有些超越时代。最终，我们坚持使用"冲突转化"这一术语。我们相信它是准确的、有科学依据的，而且它展现了一个清晰的愿景。

> 冲突是人际关系中的正常现象，它是变革的动力。

在我看来，**冲突转化**的表述是贴切的，因为我从事的工作致力于实现建设性变革，其中包括解决一些具体问题，但又不限于此。这是一种科学合理的表述，因为它基于两个可证的事实：第一，冲突是人际关系中的正常现象；

---

[1] 东门诺大学（Eastern Mennonite University, EMU），是一所位于美国弗吉尼亚州哈里森堡（Harrisonburg）的私立门诺派大学。——译者注

1 什么是冲突转化

第二，冲突是变革的动力。转化为我们提供了一个清晰且重要的愿景，为我们指明了一个基本的方向——在地方和全球建立健康的关系和健康的社会。这需要我们切实改变当下的关系模式。

然而，问题是，究竟什么是转化？

过去十年间[1]，"转化"这一术语在业界和学界的使用率越来越高。在调解研究以及更广泛的和平与冲突研究中，都涉及转化的方法。我正在参与的两个研究生学术项目也在使用这个术语，分别是圣母大学克罗克国际和平研究所[2]和东门诺大学的冲突转化项目。尽管如此，冲突转化还不是一个学派。但我深切感到，冲突转化是一个综合性的研究取向或研究框架，可能需要我们从根本上改变思维方式。

后文的内容是我在过去十五年的阅读、实践和教学经验的基础上，对这一框架的理解。这本小书介绍

1　原书 *The Little Book of Conflict Transformation* 出版于2003年。——译者注

2　克罗克国际和平研究所（Kroc Institute for International Peace Studies）隶属于美国圣母大学（The University of Notre Dame），创立于1986年，该所致力于研究暴力冲突的原因和可持续和平战略。——译者注

的内容绝不是什么金科玉律，在实践和教学经验的影响下，我的认知也会不断发生变化。

我对冲突转化的理解或许与别的作者相似，然而我并没有足够的篇幅来讨论这些知识谱系。我也绝不是想说，我对冲突转化的某些看法优于不使用这一术语的人，或者优于更喜欢使用冲突**解决**一词的人。这本小书写作的目的是想指出冲突解决和冲突转化之间存在创造性张力，以增进我们对这些概念的理解，而绝非要诋毁那些偏爱其他术语的人的工作。

我希望本书能为当下的讨论建言，以期拓宽我们对人与人关系的理解。

2

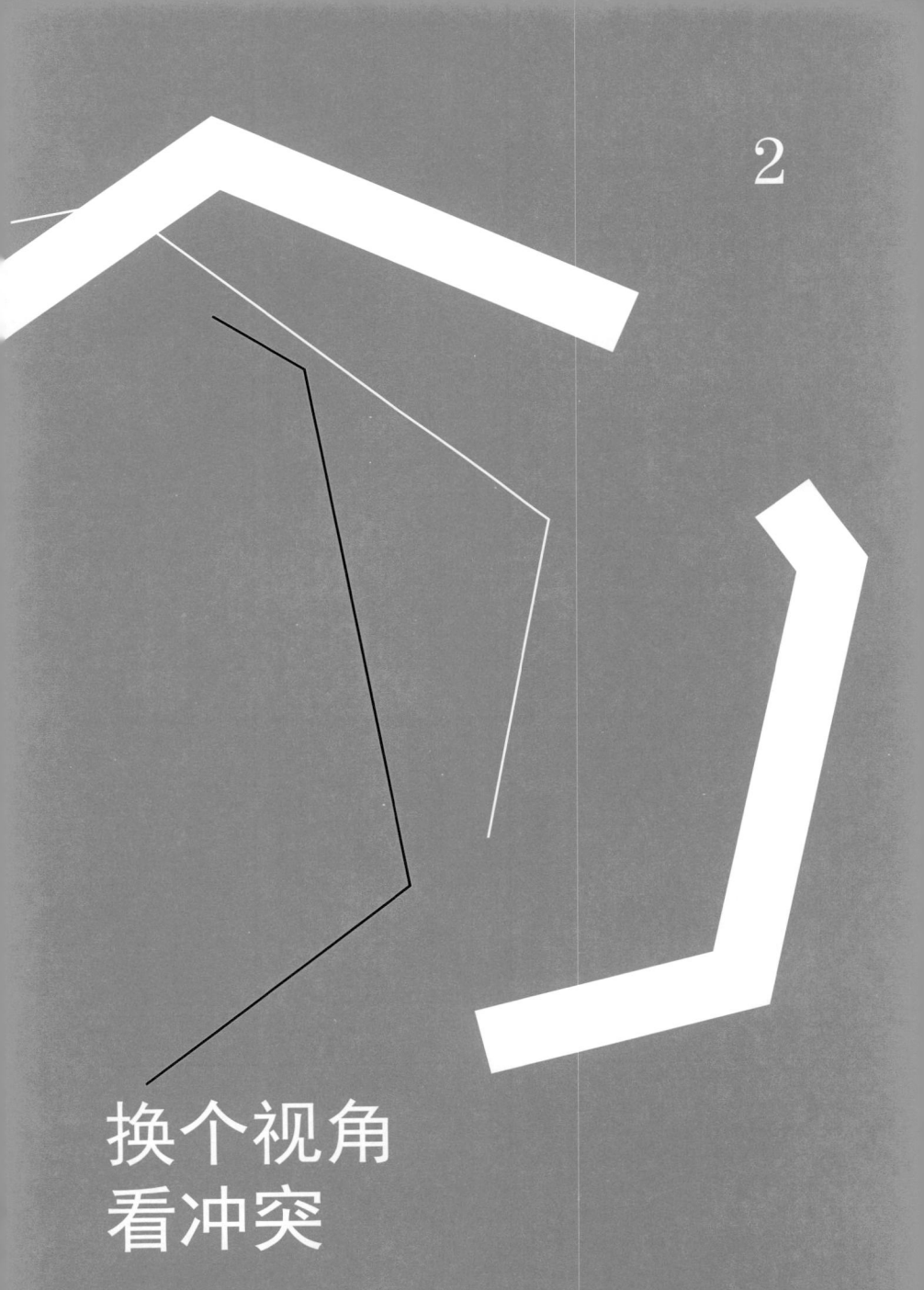

换个视角
看冲突

在日常生活中,冲突常会打破我们自然融洽的关系。我们会发觉有些事情不太对劲,突然间我们会愈发在意那些过去认为是理所当然的事情,我们的关系开始变得复杂,不再像以前那么轻松和平顺了。

我们不再无所顾忌地心直口快,相反,我们需要花大量的时间去反复阐释我们想要表达的意思。我们的交流开始变得困难,每次对话都需要耗费大量的心力。我们也会发现,除非对方同意我们的观点,否则我们很难认真倾听别人在说什么,也很难判断对方的意图。

当我们的感受从拘谨转变为焦虑,甚至是深切的痛苦时,我们的生理机能就会发生变化。这时,我们往往会体验到一种越来越强烈的紧迫感,随着冲突的发展,尤其是在看不到尽头的情况下,我们的挫败感会越来越强。

如果有局外人问:"你们发生了什么矛盾?"我们不妨用**冲突地形图**(conflict topography)来解释。所谓冲突"地形图"就是描绘了冲突的"山峰"和"山谷"的地图。山峰代表着冲突中面临的重大挑战,通常是强调那些新近的挑战,也就是我们此刻正在攀登的这座山峰。这座山峰象征着我们正在处理的主要问题,即冲突内容(content of the conflict)。山谷代表着失败,即无法协商达成适当的解决方案。而整个山脉代表着我们关系模式的全貌,它看上去影影绰绰,是因为我们身在此山中。

冲突地形图显示出,我们在冲突中有着只关注眼前呈现的具体问题的心理倾向,把精力放在减少焦虑和痛苦上,寻求解决当前问题的办法,但我们却忽视了从宏观尺度看待冲突全貌的视角。我们还倾向于将冲突视为一系列的挑战和失败,也就是山峰和山谷,但没有真正意识到冲突的根本原因和驱动力。

本书旨在讨论冲突转化的方法如何应对上述心理

倾向，以及它与冲突解决或冲突管理的视角有何不同。冲突转化将寻求怎样的目标？制订解决冲突对策的基础是什么？

开始之前，我们先来探讨一下"看"（look）和"看见"（see）的区别。"看"是去注意某物。日常用语中，我们经常说："请看这里！""看那个！"换句话说，"看"需要借助一块透镜[1]，帮助我们观察事物。相较之下，"看见"是看得更远、更深。"看见"是在寻求洞察和理解。正如平时我们会说："看懂了吗？""看透了吗"[2]。理解是创造意义的过程，创造意义需要我们更加聚焦于某些事物。

冲突转化不仅仅是一套具体的技术，还是一种"看"和"看见"的方法。"看"和"看见"都需要借助透镜。冲突转化正为我们提供了这样一组透镜，让我们通过它们来看待社会中的冲突。

> 冲突转化是一种"看"和"看见"的方法。

---

[1] 作为眼球主要屈光结构的晶状体，也形同一块透镜。——译者注
[2] 原文例句为"Do you see what I mean?"，see 有"理解"的含义，为适应中文语境对此例做了改写。——译者注

我们可以把这些透镜看成一种特制的眼镜。我这辈子头一次戴上了渐进式眼镜[1]。这种眼镜上,一块镜片有三个部分,发挥不同的功能。一种是能够聚焦远景的镜片,不用它看的话远处的物体会模糊不清。第二种是看中景的镜片,比如可以用它来看电脑屏幕。第三种是阅读镜或放大镜,可以帮助我阅读一本书或者把鱼线穿到鱼钩上。用渐进式眼镜作喻,可以帮助我们理解冲突转化的内涵。

首先,如果我试图用阅读镜的部分看远处,它就发挥不了任何作用。每种镜片都有其特定的功能,帮助你聚焦事物的某个特定方面。你一旦聚焦到某一事物上,其他事物就模糊了。如果你通过带长焦镜头的相机或显微镜观察细菌的切片,就会发现这种有趣的现象:当聚焦到物体某一层的时候,其他层就模糊了。失焦的物体仍然真实存在,只不过看起来并不清晰。同理,我们用这些镜片来观察冲突时,事物的某些方面会被清晰化,而另一些则会被模糊化。我们不能指

---

1 渐进式眼镜(progressive lenses)在同一镜片上有多个聚焦点,利用打磨技术,让焦距之间逐渐过渡。这一设计可使远视眼镜佩戴者在观察远近不同的物体时避免反复摘戴眼镜。——译者注

望一种镜片的作用超出它的能力范围，也不能指望用一种镜片就能看清所有。

由于没有一种镜片能够聚焦所有东西，因而我们需要多种镜片来看到复杂事物的不同侧面。这让人想起一句老话："如果你手里拿着把锤子，那你看什么都是钉子。"我们不能指望用一种镜片就能聚焦到冲突的所有方面，看清所有潜在的影响。

我的渐进式眼镜的三种镜片被固定在同一个镜框中。每种镜片都是不同的，但如果要把事物的各个维度作为一个整体整合在一起，每一种镜片就必须与其他镜片拼接起来。我需要通过每种单独的镜片来看到事物的某个特定方面，再通过其他拼接的镜片来看到整体。找到那些能帮助我们看清冲突的特定方面的"镜片"，同时掌握一种审视冲突全貌的方法，是对我们有益的。

看冲突全貌有点像看地图，我们可以看到各类事物在不同地方的分布，以及它们之间的关联。本书中，我将展示三种有助于看到冲突全貌的镜片。首先，我们需要一种镜片来观察**当前局面**（immediate situation）。其次，我们需要一种镜片，透过当前的问题，看到更深层次的

关系模式（patterns of relationship），包括外显的冲突所依托的背景。在此基础上，我们需要一个能将这些视角结合在一起的**概念框架**（conceptual framework），将当前困境与更深层次的关系模式联系起来。这样的一个框架可以让我们建立对冲突的整体性理解，同时也创造了一个解决当前问题和转变深层关系模式的契机。

> 冲突转化的透镜能让我们看到：

① 当前局面
② 更深层次的关系模式
③ 概念框架

我举个例子吧，我们家有时会因家务事发生激烈争吵，比如谁来洗碗。莫名其妙的琐事都能惹得我们吵上一阵。这一冲突有着具体的关注点，也就是那堆碗碟，但是我们之所以情绪激动是因为有些更深层次的东西在作祟。其实，这场争端酝酿的危机已经远远超出了谁来洗碗。我们讨论的实际上是双方关系的性质，即对彼此的期望，对我们作为个人和家庭成员身份的理解，我们的自我价值感和对彼此的关怀，以及我们关系中权力与决策力的本质——所有这些都源于这一堆碗碟。

我们争论的问题里隐含着我们的关切："今晚谁洗碗？之前是谁洗的？之后谁来洗？"你看，这已经不仅仅是洗碗的问题了。碗碟之所以能引发争端，是因为它们揭示出了我们关系中的深层问题，这需要我们看到洗碗之争背后潜在的或显现的关系模式与问题。

我们可以就"今晚谁洗碗"的问题给出一个答案，达成共识后，我们的问题就解决了。很多时候，我们没有时间也没有兴趣去深入探究冲突的根源，我们只是找出一个快速解决问题的方法，这是我们应对问题的习惯。然而，快速解决方案并没有挖掘二人关系和家庭关系的问题。如果没有关注这一深层次的问题，它就会产生冲突能量——今后，乱成堆的碗碟、脏衣服和脏鞋子都可能再度引爆冲突。

冲突转化的透镜提醒我们关注碗碟背后的关系背景，然后再回过头来审视碗碟问题的本身。冲突转化不满足于寻求一个应对眼前问题的快速解决方案，而是寻求创建一个框架来应对冲突的内容、背景和关系结构。冲突转化作为一种方法，致力于通过冲突来开启建设性变革进程（constructive change process）。在为当前问题寻求具体解决方案的同时，这些变革进程也为我们创造机会，去了解关系的模式，从而去应对关系结构。这个例子像是个段子吗？如果我们只看到了碗碟，那答案是肯定的；如果这些碗碟为我们提供了审视我们生活、成长和关系的契机，让我们试着彼此理解，那答案就是否定的。

那我们如何制造这些透镜呢？首先，我们要给冲突转化一个更清晰的定义。我们将探讨如何用这一方法去理解冲突和变革，然后我们再回归具体的问题，即如何设计一个冲突转化的框架并将其运用到社会冲突中。

框架可以帮助我们审视：

① 冲突内容
② 冲突背景
③ 关系结构

3

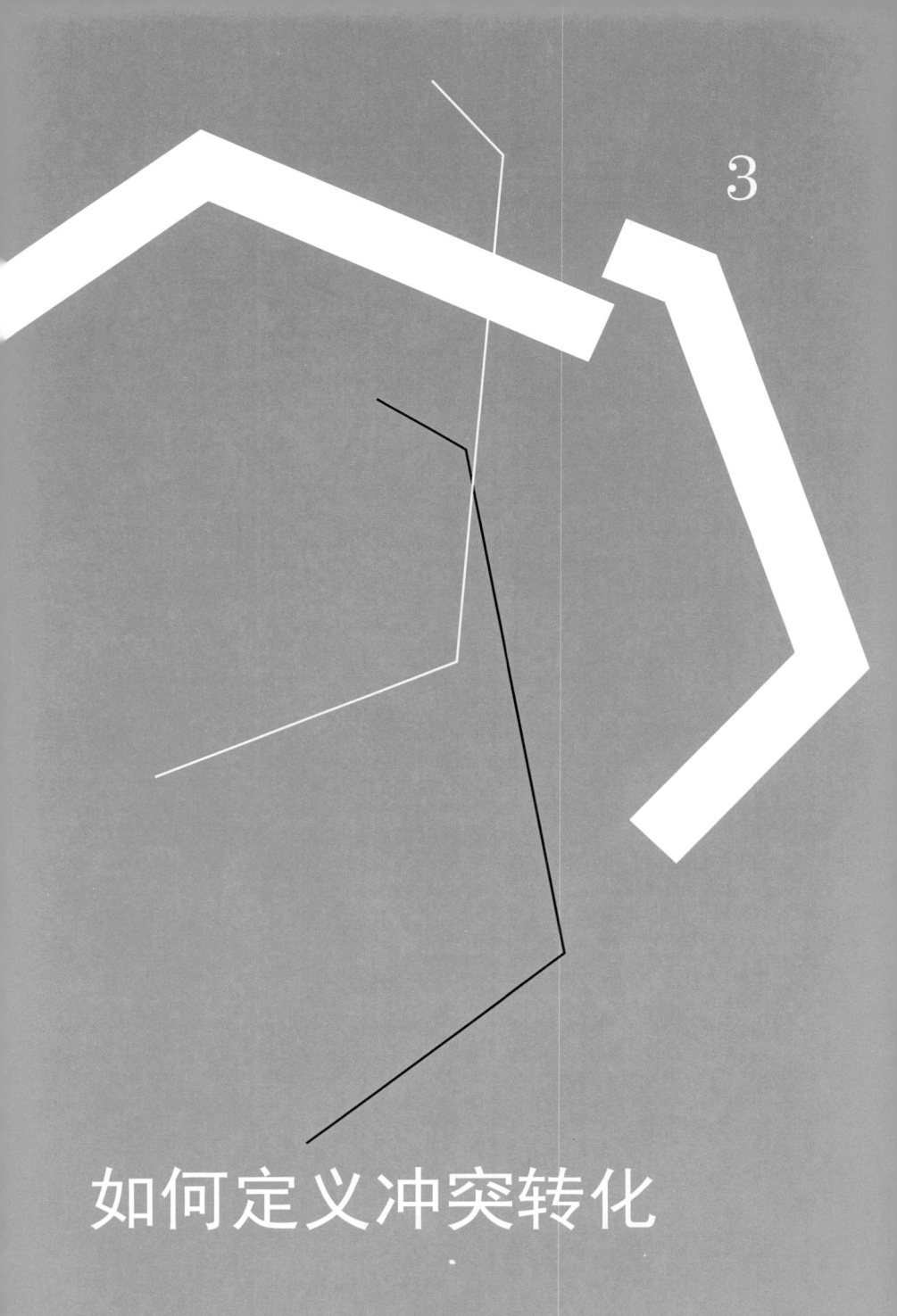

如何定义冲突转化

我给出如下定义：

> 冲突转化旨在展望和回应社会冲突的**消涨**，为创造**建设性变革进程**孕育**契机**，以**减少暴力**，也旨在增进**直接互动**与**社会结构**的**公正性**，并应对**人际关系**中的现实问题。

如果分析上一段突出显示的文字部分，我们会更容易理解定义的内涵。试想一下，冲突转化就像是一个正在旅途中的人，他的头、心、手、腿和脚在共同协作。

头

头象征着对冲突的概念性看法，即我们如何思考冲突进而准备如何应对。我们对冲突转化的创造性的态度、观念和价值取向也存在于大脑之中。在定义里，我使用了"展望"和"回应"二词。

展望是一个动词，是主动语态，它需要在主观上有产生并支撑某种远景（horizon）的观念、态度和意愿。

冲突转化的思维方式有两大前提：

❶ 一种积极展望冲突的能力，将其视为一种自然的现象，它蕴含着事物建设性发展的潜力。

❷ 愿意以最大限度发挥这一积极变革的潜力以应对冲突。

冲突转化的理论认为，冲突是人际关系中一种普遍存在且持续存在的能量。而且，冲突

> 冲突转化的理论认为，冲突是人际关系中一种普遍存在且持续存在的能量。

也蕴含建设性变革的潜力。然而我们都知道，积极的变革并不总是发生，很多时候，冲突会导致伤害与破坏的长期循环。但是冲突转化的关键是愿意相信冲突是增进关系的潜在催化剂。

回应的意思是必须要抓住机会，将愿景转化为行动，有意愿参与其中。从现实生活经验中学习，能让我们对冲突产生最深刻的理解。

这两项基础性工作——**展望和回应**，在一定程度上都是"头"需要完成的工作。它们代表了我们在处理生活、人际关系和社会中的冲突时的思维方式和思考路径。

消涨：我们常常通过这些视角来看待冲突——起与落，升级与降级，高峰和低谷。但事实上，我们更常关注某一个具体的高峰或低谷，这其实只是不断循环、反复发生的**冲突事件**（conflict episode）而已。冲突转化的视角是纵览整个山脉，而不只是看到单个山峰或者山谷。

或许，一个不那么静态化的隐喻，更有助于我们理解。冲突转化不是狭隘地关注在岸边涨落的某一簇浪花，冲突转化始于对关系的海洋中更宏大的图景的理解——能量消涨，时间流逝，甚至是季节流转。

以大海作喻，是为了说明在我们的日常交往中存在着一种节奏和模式。有时，大海的运动是可预测的、舒缓的，甚至是平静的。但有时，特殊事件、季节和气候间歇性地共同作用，会让大海产生巨大的变化，影响周遭的一切。

冲突转化的方法不是孤立地理解特定的冲突事件，而是将其嵌入更大的模式中。变革既包括对当前问题的理解，也包括对更广泛的模式和问题的理解。这就像大海不断变化，海水不断流动，充满活力，但与此同时，大海又有自己的形态和结构，并且有着宏大的目标。

心

心是人体生命活动的中心。生理意义上的心脏，以跳动维持着生命。象征意义上的心灵，是我们情绪、直觉和精神生活的中心。我们从这里启程，又回到此处找寻指引、支持和方向。心是起点也是归宿。这两点构成了冲突转化的核心。

人际关系：生物学家与物理学家告诉我们，与其说生命存在于显性的物质实体之中，不如说存在于隐性的彼此联系与关系之中。同理，关系是冲突转化的核心。正如人体的心脏一样，冲突源自关系，最终又回归到关系。

关系既有显性方面，也有隐性方面。为了激发冲突中内在的积极潜力，我们必须把关注重点放在关系中的隐性层面，而不是关注更显而易见的冲突内容。人们争斗的问题固然是重要的，也需要创造性的回应。然而，关系意味着一个联系网络，它构成一个更大的语境，即人际生态系统（human eco-system），特定的问题会从中生发和激活。

让我们先暂且回到大海的图景：如果一簇浪花代表着社会冲突升级时一个显性问题的顶点，那么关系就代表大海本身的潮起潮落。无论是显性的还是隐性的，当下的还是长期的，关系都是冲突转化进程的"心"。

孕育契机：将"孕育"一词用于冲突情境中，可以给我们带来一些启发。一方面，这一词语表明，生活会带来冲突，冲突是人生阅历中天然的组成部分；另一方面，它认为冲突可以创造生命的活力，正如心脏在我们体内的律动造成了有节奏的血液流动，让我们生生不息，运动不止。

> 冲突是成长的契机，是生活的赠礼。

冲突源于生活。正如上文强调的，与其将冲突视为一种威胁，不如将其理解为一次成长的契机，借此增进我们对自己、他人和社会结构的理解。在各级关系中发生的冲突，是生活在帮助我们按下暂停键，帮我们重新评估和审视这些关系。认识到冲突是生活的赠礼，是真正了解人性的方法之一。没有它，我们的生活就会像一种千篇一律的平坦地形，我们的关系将是肤浅的，这是令人遗憾的。

冲突也会创造生命活力：借由冲突，我们做出反应，进行创新，发生改变。冲突可以被理解为变革的动力，它可以维系真诚的关系与有活力的社会结构，也对人类的需求、愿望和成长做出动态响应。

手

手是身体中用来创造的器官，能够触摸和感受事物,也能改变物体的样貌。动手才能实践,当我们说"着手于……"的时候,意味着我们正在躬行实践。冲突转化的定义中有两个术语鲜明地体现了这一点。

建设性:建设性有两层含义,其一,它的词根是个动词,意为"建造、形塑和架构"。其二,作为形容词,它指"具有一种积极的力量"。冲突转化包含了上述两种内涵。它试图理解为何社会冲突经常发展出暴力和破坏性的模式,而不是去否定或回避冲突。冲突转化追求的是变革性进程的发展,着眼于从困境或消极中创造积极的因素。它鼓励人们更多地了解潜在的关系和结构模式,同时制订改善关系的创造性解决方案。它笃信让冲突成为机遇是可能的。

变革进程:变革进程、变革性因素以及让冲突从破坏性转变为建设性的基础条件,对冲突转化的方法极为重要。只有在关系和持续的变革进程中培养看见、理解和回应问题的能力,才能实现这种转变。冲突本身朝着怎样的进程发展?如何改变这些进程,或启动其他进程,使冲突朝着建设性的方向发展?总之,对进程的关注是冲突转化的关键。

冲突转化侧重于社会冲突的动态层面。该方法的核心是以下要素的融合：认识关系背景，将冲突视为机遇的态度，以及对创造性变革进程的鼓励。该方法关注冲突事件，但又不会将其作为唯一的视角。它将冲突置于关系的流动状态和网状结构中审视。正如我们接下来将看到，冲突转化的透镜将创造性"平台"的搭建视为解决特定问题的机制，同时它也致力于改变社会结构和模式。

腿和脚

腿和脚是我们接触地面的器官，千里之行，始于足下。和手一样，我们的腿和脚能感应思想和心跳，让我们有了前进的方向和动力。如果冲突转化不能对现实生活的挑战、需求和现状做出回应，那它只能是乌托邦式的理想。

冲突转化将两个悖论式的设问作为行动的旨归：第一，我们如何以减少暴力和增进人际关系公正性的方式应对冲突？第二，我们如何在培养建设性的、坦率的、面对面的交往能力的同时，应对系统性和结构性的变化？

减少暴力和增进正义：冲突转化认为和平的根基是人际关系的质量。关系有两个维度：面对面的互动和构建社会、政治、经济和文化关系的方式。在这个意义上，和平是"新科学"（New Sciences）所称的"进程结构"（process-structure）：一种同时具有动态性、调适性和变化性的现象，但又有其外在形态、目的和方向，使其具象化。冲突转化不是把和平看作一种静态的"终极状态"，而是把和平看作一种不断演变和发展的关系的表征属性。因此，和平工作的特点是有意识地通过非暴力的方法来应对人类冲突的自然消涨，从而解决各种问题，并增进人际关系中的理解、平等和尊重。

减少暴力要求我们设法应对当前冲突事件（episode of conflict）中的问题和主要关切，了解其根本模式及产生原因。这要求我们解决公正性的问题。我们应对上述问题时，必须以公正的方式进行实质性的变革。面对影响人们生活的决策，人们必须有发言的机会与权利。此外，必须在关系和结构层面应对和改变那些造成不公正现象的模式。

直接互动与社会结构：如上所述，我们需要培养一系列能力，即在人际、群体和社会结构等各个层面的关系中，能让我们展望并参与到变革进程的能力。其中一组能力旨在实现坦率的、面对面的互动；另一组能力则强调需要去看见、去追求、去创造我们社会结构组织方式变革，无论是从家庭到复杂的科层组织，还是从地方到全球。

冲突转化告诉我们，在上述所有层面促进建设性变革的根本途径是对话。对话对于人际和结构层面的正义与和平至关重要。它虽不是唯一的机制，却是一个不可或缺的机制。

我们通常认为，对话是人们或群体之间的直接互动。冲突转化也抱持这种看法。许多旨在减少暴力的技术性机制都依托于交流思想的能力，以及找到问题的共识，并寻求解决途径的能力。

社会和公共领域（social and public sphere）构建

了人类制度、结构和关系模式，冲突转化的观点认为，对话对于社会和公共领域的创造和表达都是必要的。我们必须创造特定的程序和空间，让人们能够亲身参与并形塑那些在广义上规范了他们社区生活的结构。我们需要对话，当我们讨论如何形塑关系，以及我们的组织与结构如何建设、响应与活动时，对话能为我们提供入场的机会和发言权，进行建设性互动。

冲突转化的核心是通过增进正义和减少暴力的变革进程，在人际冲突中顺应机宜，灵活变通。

> 冲突转化旨在展望和回应社会冲突的消涨，为创造建设性变革进程孕育契机，以减少暴力，也旨在增进直接互动与社会结构的公正性，并应对人际关系中的现实问题。

4

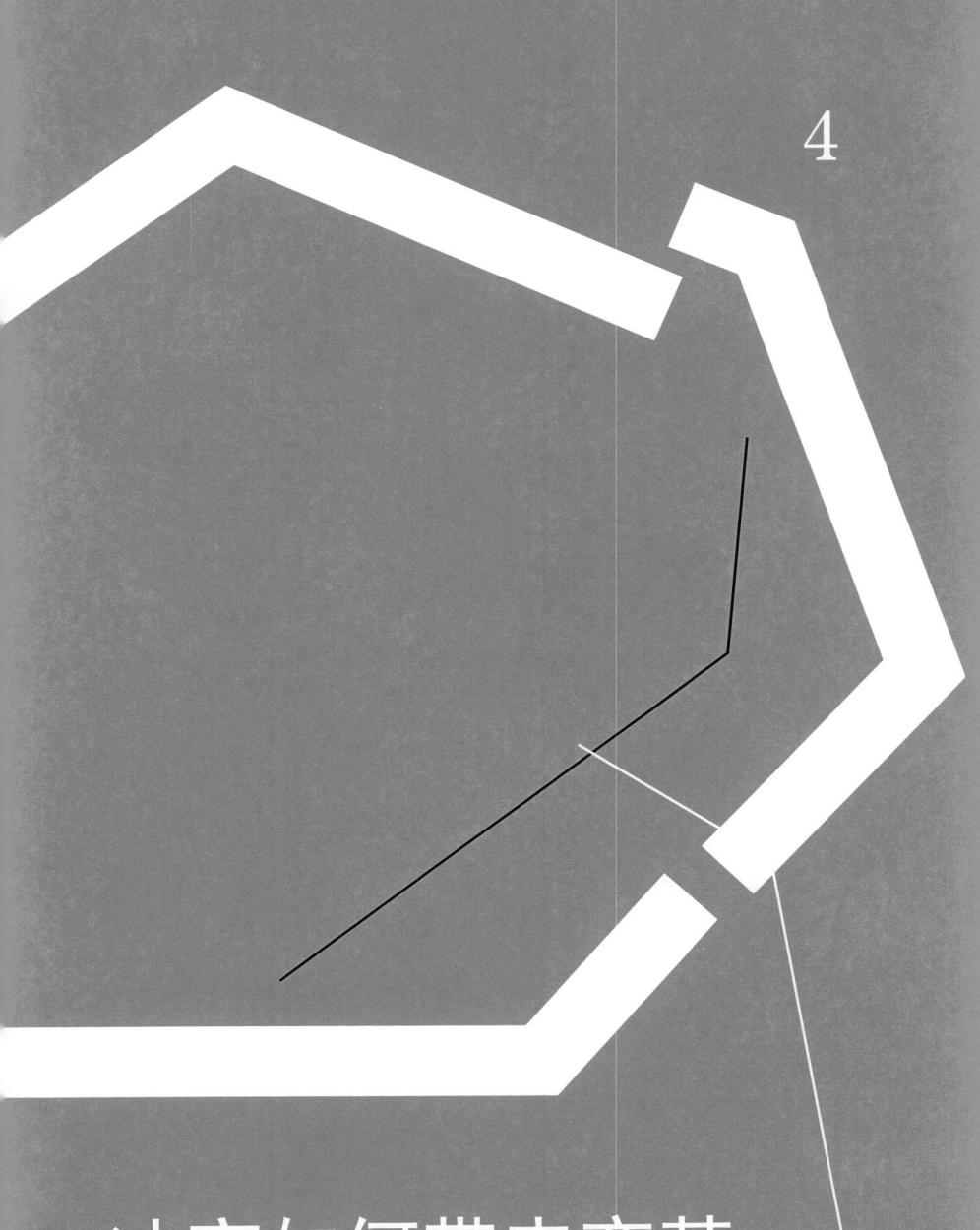

冲突如何带来变革

冲突时有发生并且长期存在于人们的关系中，这是正常的。变革也时有发生，人类社会和关系不是静止的，而始终是动态的、调适性的、变化的。

冲突能以多种方式影响局势，改变事物。我们可以把这些变革分为四大层面：**个人**、**人际**、**结构**和**文化**。

冲突在以下四个层面影响我们：

❶ 个人层面
❷ 人际层面
❸ 结构层面
❹ 文化层面

我们也可以通过回答这两个问题来思考这些变化。

❶ 冲突正在造成哪些变化？例如，冲突的模式和影响是什么？
❷ 我们寻求怎样的变革？为了回答这个问题，我们需要问自己：我们的价值观和目标大概是什么？

基于这两个问题，让我们来思考以下四个层面。

（1）**个人层面**的变革是指对个人产生的影响和个人预期的变化。这种影响可以作用于整个人，包括认知、情感、知觉和精神方面。

从描述性[1]视角来看，冲突转化提醒着我们，我们作为个体，既受到冲突的消极影响，也受到冲突的积极影响。冲突会影响我们的身体状况、自尊、情绪，影响感知能力的准确性，阻碍我们率真地表现心性。

从规定性视角来看，冲突转化是一种有意识的干

1　描述性（descriptive）与下文规定性（prescriptive）是语言学中一组相对的概念，在文中，前者主要关注描述和解释事物或现象的现状后者表示根据一定的规定、准则提出速度、行动计划或规范。——译者注

预，尽可能减少社会冲突的破坏性影响，并最大限度地发挥其潜力，使人在身体、情感和精神层面上作为一个独立的个体得以成长。

（2）**人际层面**的变革是指面对面关系的变革。我们关注的是关系的情感性作用、权力和相互依存性问题，也关注冲突的表现、交流和互动方面。

从描述性视角来看，转化是指冲突如何影响沟通和互动**模式**。它超越了拘泥于显性问题的紧张关系，而着眼于冲突产生的潜在变化；它包括人们如何看待冲突，人们有什么诉求，人们追求什么，人们如何构建人际、群体间和群体内部的关系模式。冲突改变了关系，它提出了一系列更明确的问题，例如：人们希望在关系中保持怎样的距离？人们如何使用、构建和分享权力？人们如何看待自己，看待彼此，看待各自的期望？人们对各自的生活、人际关系、沟通和互动模式有着怎样的期望或担忧？

从规定性视角来看，转化意味着有意识地进行干预，以尽可能地减少无效沟通，最大限度增进互相理解。

这需要尽力将冲突各方对关系中的担忧、期望和目标清晰地呈现在大家眼前。

（3）**结构层面**的变革强调了冲突和关系模式产生的根本原因，及其在社会、政治和经济结构中带来的变化。这一层面着力关注社会结构、组织和团体如何因冲突而建立，又如何维系和改变。它关注人们如何建立并组织社会关系、经济关系、政治关系和机构关系，以获取资源，并做出影响社群、社区乃至整个社会的决策。

从描述性视角来看，冲突转化需要分析引起冲突的社会条件，也要分析冲突对现有社会结构和决策模式变化的影响方式。

从规定性视角来看，转化意味着有意识地进行干预，以深入了解究竟是什么引发并助长了冲突中暴力的外显，了解其产生的根本原因和社会条件。此外，它公开提倡非暴力的手段，以减少对抗性的互动，旨在尽力减少并最终消除暴力（包括以非暴力的方式呼吁变革）。追求变革有助于促进满足人的基本需要（basic human needs）的结构发展（即实质正义），同时让人们最大限度地参与到自身事务的决策之中（即程序正义）。

（4）**文化层面**的变革指的是冲突在最广义的群体生活模式中产生的变化，包括身份认同，以及文化如何对应对模式和冲突模式施加影响。

从描述性视角来看，冲突转化试图理解冲突如何影响和改变一个群体的文化模式，以及这些长期积淀的、彼此共享的模式如何影响人们在特定的情境下理解和应对冲突的方式。

从规定性视角来看，转化旨在帮助冲突方了解促成冲突的文化模式，进而发现、增进、利用那些蕴藏于该文化中的，有助于建设性地应对和处理冲突的资源和机制。

综上，作为一个**分析框架**，冲突转化试图这样理解社会冲突——它产生于人类经验的个人、人际、结构和文化层面，并带来一系列变革。作为一种**干预策略**（intervening strategy），冲突转化可以通过下列变革目标来推动建设性进程。

冲突转化中的变革目标：

（1）个人

尽可能减少社会冲突的破坏性影响，最大限度地发挥个人在身体、情感、智力和精神层面的成长和增进福祉的潜力。

（2）人际

❶ 尽可能减少无效沟通，最大限度增进互相理解。
❷ 将人们对关系中的情感和相互依存的担忧与期望呈现出来。

（3）结构

❶ 认识到导致暴力和其他有害冲突表现形式的根源和社会条件，并加以应对。
❷ 促进非暴力机制，减少对抗，尽可能减少并最终消除暴力。

❸ 促进社会结构的优化，以满足人的基本需要（实质正义），让人们最大限度地参与自身事务的决策（程序正义）。

（4）文化

❶ 认识并理解导致暴力冲突外显的文化模式。
❷ 在文化环境中发现资源并建立机制，以建设性地应对冲突。

5

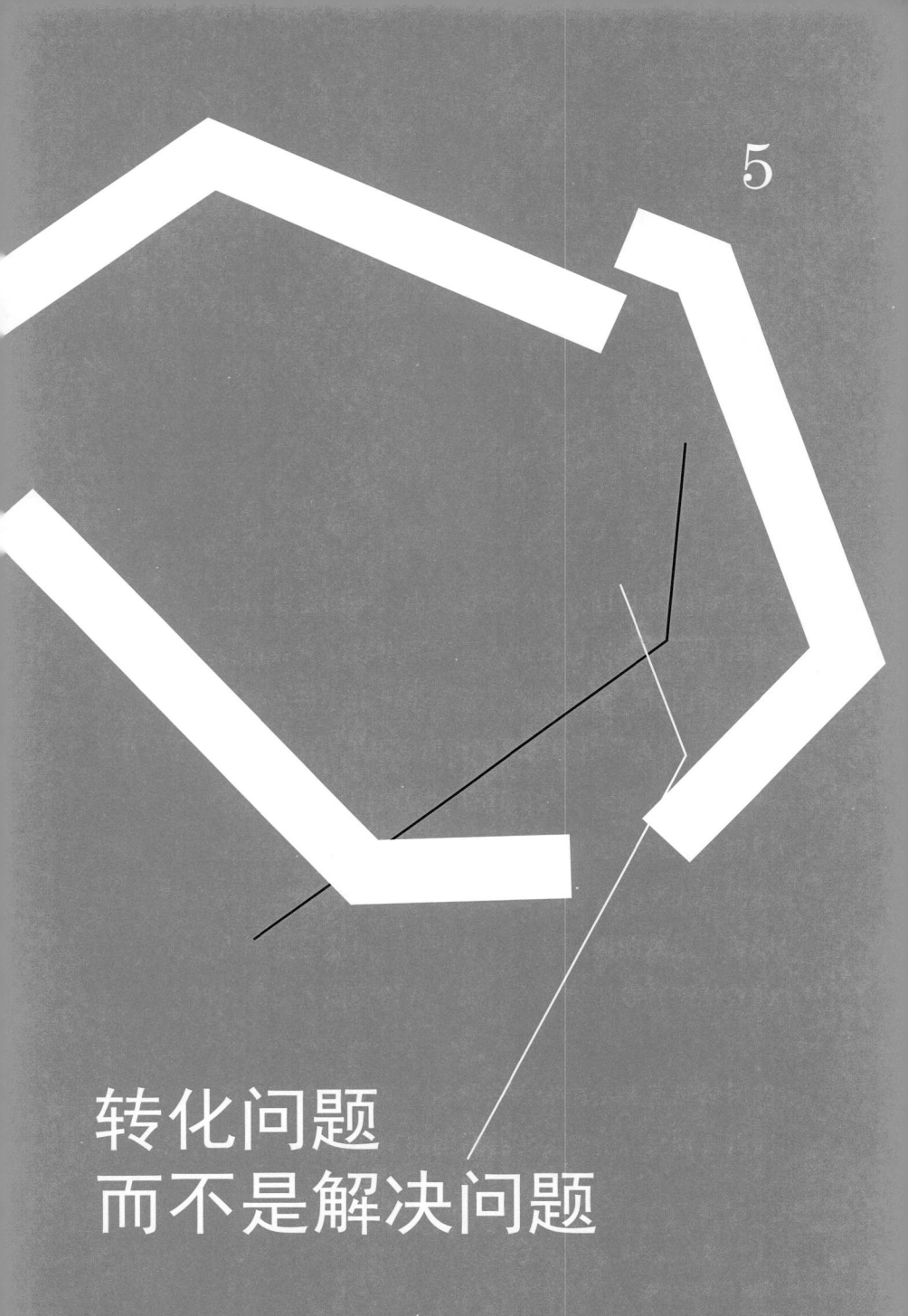

转化问题
而不是解决问题

我们已经探讨了冲突与变革中转化的思维方式。那么，如何将这些想法应用于实际呢？当我们着手实践时，我们不能完全从概念层次抽离。我们必须要针对我们的目标建立清晰的图景，即"全景图"（big picture）。

换一个术语来说，我们需要一种战略眼光，以便评估并制订具体的计划和对策。全景图能帮助我们看到目标和方向，如果没有它，我们将面对无数问题、危机和焦虑。这可能导致我们带着巨大的紧迫感去行动，却并不清楚我们究竟在应对什么。我们或许可以解决许多眼前具体的问题，却不见得能够让社会发生任何建设性的转变。

构建全景图的一个步骤是鉴别并分析我们的引导性隐喻。我们可以从比较"解决"和"转化"的隐喻开始。

正如前文所言，**冲突转化**为我们提供了一种不同于**冲突解决**的审视冲突的视角。我相信这是一种根本性的转变，它改变了我们看待和应对社会冲突的方式。鉴于它能够影响实践，我们必须对其进行分析。

走向**转化**而不是**解决**，意味着指导思想的转变或扩展。长期以来，**冲突解决**理论在很大程度上为我们的阐释与行动提供了框架。

冲突解决是一个众所周知并被广泛接受的术语。半个多世纪以来，它已经成为一个学科领域，在该领域中存在许多研究进路、阐释与定义，其中一些与我界定的冲突转化的方法类似。然而，在本书中，我对"解决"和"转变"这两个术语的定义并不感兴趣，我感兴趣的是它们背后的思想所暗含的意义。

先从最基础的来看。"解决"（resolution）暗含的意思是，找到应对问题的方案（solution），它引导我们去思考如何终结那些普遍被认为是非常痛苦的事件或问题。当我们给 solution（方案）加上一个前缀

"re-"[1]，语言就有了确定性和终止性[2]，即寻求一个结论。"解决"的引导性问题是：我们如何终结不想要的东西？

转化（transformation）引导我们走向变革，引导事物从一种形态转变为另一种形态。变革进程是这一引导性话语的基础。就其本质而言，当我们在"form"（形式）一词前加上前缀"trans"（转变）时，我们必须同时考虑现状及新情况。**冲突转化**的引导性问题是：我们如何终结不想要的东西，创建我们想要的东西？

> 冲突转化的引导性问题是：我们如何终结不想要的东西，创建我们想要的东西？

冲突解决往往把我们的注意力集中在当前的困境上。鉴于它强调快速解决方案（immediate solutions），因此往往聚焦于问题的实质和内容。这也就解释了为什

---

1 在英语中，前缀"re-"一般表示"向后、往回、相对、再"，有时也仅用于强调。——译者注

2 "终止性"（finality）一词，作者是指 resolution 的动词形态 resolve 是一个终止性动词，即非延续性动词，发生后即结束。——译者注

5 转化问题而不是解决问题

么在冲突解决的领域中，关于谈判技巧的文献占据了很大比重——从一些热门的机场书店到一些主要研究机构的大厅就可见一斑。简而言之，冲突解决是以内容为中心的。

另一方面，冲突转化也关注内容，但它聚焦于关系模式的背景。它认为冲突是深植于关系模式的网络和系统中的。

更进一步说，解决和转化都宣称是以进程为导向的。然而，冲突解决的方法认为，进程的发展源于当下关系发生危机征候和裂痕之处。冲突转化是将当前的困境设想为一个机遇，旨在进入一个更广阔的语境，探索并理解产生危机的关系模式系统，力图同时应对当务之急和关系模式系统。

这要求我们的眼光更加长远，超越对当下需求的焦虑。冲突转化积极寻求一种应对危机的方法，而不是被危机**驱使**。如果我们带着"**解决**"的念头，它会引导我们通过协商来解决当前的困境，这会暂时缓解痛苦和焦虑，但得到的答案不见得会涉及问题产生的深层背景和关系模式。

最后要说的是，关于如何看待冲突，每种视角都有一个相应的冲突观。冲突解决往往着力于让冲突降级的方法，冲突转化则包括降级和介入冲突，甚至还包括追求建设性变革过程中的冲突升级。建设性变革需要各种行动和进程，其中一些可能会让冲突公开化。

总而言之，冲突转化囊括了冲突解决的方法，但又不局限于此。它超越了以解决某一特定问题或解决冲突**事件**为重心的进程，而是转而寻找冲突**中心**（epicenter of conflict）。

冲突**事件**是冲突在关系或体系内升级的外在表现，通常有着明确的时间表（time frame）。它需要我们投入注意力与精力以应对一系列问题。冲突的**中心**是关系模式网（web of relational patterns），在这里可以看到冲突的起源，以及从中生发的新的冲突事件。如果冲突事件在关系中释放了冲突能量，那么冲突中心就是产生冲突能量的地方。

> 冲突转化同时应对冲突事件以及冲突中心。

在考察冲突中心时，会产生以下核心问题：问题产生时关系模式的全景是怎样的？存在哪些潜在的、必要的变革进程，能够应对眼前的问题，同时应对造成危机的更宏大的背景性因素？通过危中寻机，我们希望建立怎样的长期愿景？

冲突转化的概念扩展了在时间维度上的视野，它将问题和危机置于关系和社会背景的框架下审视，为我们带来一个同时观察解决方案和持续性变革进程的透镜。冲突转化认为，创造性解决方案的关键在于设计一个响应迅速、调适性强的平台，让危机和当前问题的建设性变革成为可能，让冲突事件成为应对冲突的中心切入点。（见表5-1）

表 5-1 冲突解决和冲突转化视角的简要对比

	冲突解决的视角	冲突转化的视角
核心设问	如何终结不想要的事物	如何终结破坏性的事物，建立人们期望的事物
焦点	聚焦于冲突的内容	聚焦于关系
目的	为产生危机的问题寻求解决方案，达成协定	推动建设性变革进程，包括但不限于快速解决方案
进程的发展	围绕着当下关系发生危机征候和裂痕之处而建立	将目前的问题设想为对症状做出反应的机会的同时，介入其关系系统
时间表	预期是短期内缓解痛苦、焦虑和困难	变革的预期是中长期的，是对危机的积极响应，而不是受危机驱动
冲突观	认为有必要使冲突进程降级	将冲突设想为一个生态系统，在关系上是动态涨落的，落意味着冲突降级以追求建设性的变革，涨意味着冲突升级以追求建设性的变革

5 转化问题而不是解决问题

绘制冲突示意图

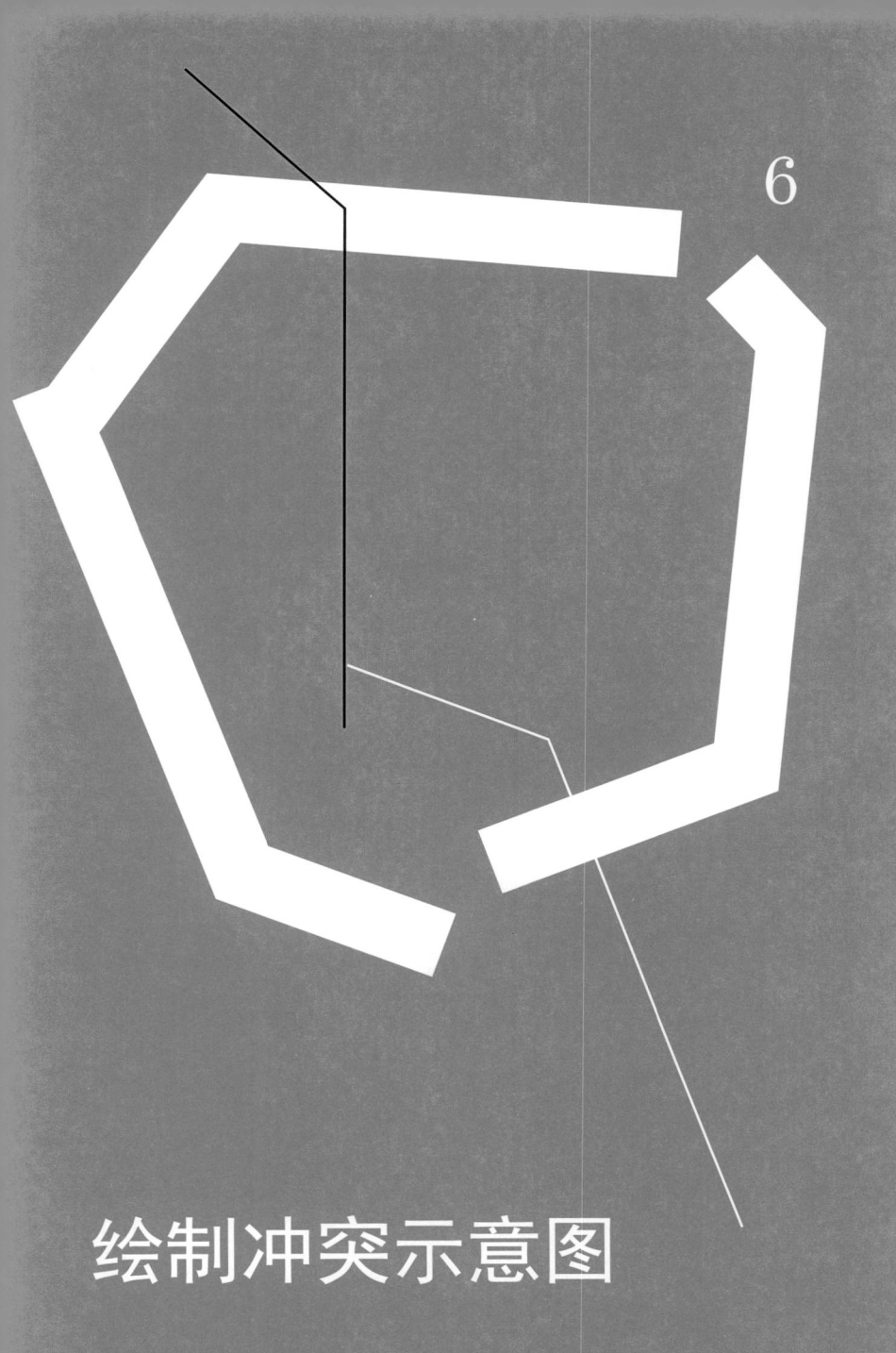

6

上一章中提出的冲突转化的"全景图"可以被直观地画为一张地图或示意图（如图 6-1 所示）。它由三个主要部分组成，每个部分都代表了制订战略和应对冲突时的一个探究点（point of inquiry）。我们先从第一个探究点开始，即"现状"。

探究点一：现状

图 6-1 中，"现状"被想象为一组嵌套的圈层（sphere），在图中显示为一组圆形。

用圈作喻，可以帮助我们想象一个可供探索、阐释和行动的空间。与圆相比，圈的边界并不明晰，比

探究点一：
现状

探究点二：
未来远景

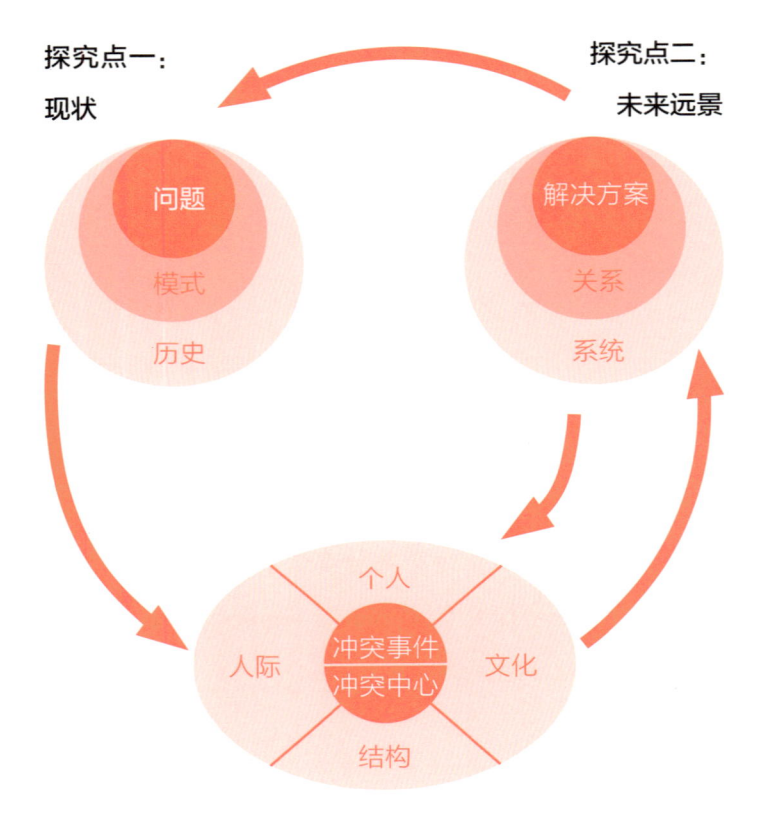

问题
模式
历史

解决方案
关系
系统

个人
人际　冲突事件　文化
　　　冲突中心
结构

探究点三：变革进程的设计

图 6-1　冲突转化全景图

56　冲突转化

如"圈子"[1]一词。"圈"是一个不断演变发展的空间。

代表当前问题的圈被模式之圈包裹,而模式之圈外又有历史之圈。这告诉我们,当下的问题根植的背景即关系和结构的模式,都有其历史渊源。

当前问题存在一个核心的悖论,即现在与过去的联系,过去事情发展的模式中,酝酿了当前的矛盾。当前问题为记忆与认识创造了机会,但是它无力让已经发生的事产生积极的变化。建设性变革给我们带来了认识、理解和纠正那些已经发生的事情的潜力。积极的变革要求我们创造全新的互动方式,建立面向未来的关系和结构的意愿。

回到我们的定义,当前呈现的问题以及人们在围绕这些问题发生争执时释放的能量,即冲突的"事件"。让我们走出当前问题,穿过关系模式和历史模式的圈层,来到冲突的中心。在这里,冲突事件反复产生,可能是由类似的问题引发,也可能由完全不同的问题所致。冲突转化致力于探求并理解冲突事件与冲突中

---

[1] 日常用语中的"圈子"可指某种范围或界限,例如朋友圈、生活圈、金融圈。原文为 a sphere of activity,意为活动范围。Sphere 在英文中不仅有圈、球体的含义,还可指范围。此处为契合中文语境进行了改写。——译者注

心。这引领我们进入另一个层次的探究点——探究点三。但首先，我们需要考察另一组嵌套的圈层，即未来远景（horizon of the future）。

探究点二：未来远景

第二个探究点是对未来远景的思考。通过描绘远景，我们可以更好地设想未来。远景能够被看到，但是不能被触及。它只是告诉我们方向，我们需要不断地向着它行进。未来是我们可以想象但不能支配的东西。

在全景图中，未来被表示为一组圈层，反映出它是开放的和动态发展的。这片能够参与和探索的空间容纳了一些较小的圈层，包括快速解决方案、关系和结构——涉及应对当前问题的可能途径，以及应对关系和结构模式的进程。未来远景启发我们思考以下问题：我们希望建立什么？我们最希望看到的是什么？我们怎样才能解决各个层面的问题，包括给出快速解决方案，了解关系和结构的深层模式？

如果全景图仅由这两组圈层或探究点（即现状和

未来远景）组成，我们可能会得到一个线性变化的模型——从现状到理想未来的线性过程。然而，重要的是，我们要将全景图想象为一个内部相互联系的环。在图中，箭头代表能量，我们可以通过能量看到这种联系的存在。现状的圈层生成了一股推力，让我们对问题做出回应。这是一股社会能量，产生了变革的冲量[1]，在图中被描绘为向前移动的箭头。在另一侧，未来远景也形成了一股冲量，指向构建新事物的可能性。远景意味着一种社会能量，它为人们指明了方向。此处，箭头既指向当前局面，又指向一系列可能出现的变革进程。整体来看，箭头组合成了一个大圆，也就是说，我们的全景图既是一个循环过程，也是一个线性过程，抑或是我们之前所说的进程结构。

探究点三：变革进程的设计

紧接着引出了第三个探究点，即对变革进程的设计和支持。和之前一样，我们可以把它看作一组嵌套

---

[1] 冲量（impulse）是描述力在物体上作用一段时间的累积效应的物理量，是物体受到的力与其作用时间的乘积。——译者注

的圈层。从整个圈层来看，它要求我们把对冲突的反应视为变革进程的发展，这些过程关注个人、人际、文化和结构四大层面上相互联系的需求、关系和模式的网络。

请注意，"进程"并不是单一的，它需要我们同时将多个相互关联的方案结合起来，这些方案虽然不同但并非不相容。冲突转化要求我们反思多个层面、多种类型的变革进程，而不是针对单一的进程提供操作化解决方案。变革进程既涉及冲突事件的内容，也涉及冲突中心的模式和背景。我们必须将多种变革进程概念化，以解决当下的问题，同时也要为关系和结构模式的长期变革创造一个平台。

宽泛地说，冲突转化的框架包括三个方面的探究点：现状，未来远景，以及将这二者联系起来的变革进程。从现状到未来远景的运动并不遵循一条直线，相反，它是一套动态的举

> 冲突转化的方法不只是协商解决方案，更致力于建设某种新的事物。

措，这些举措开启了变革进程，并且促进了长期的变革策略，与此同时，对具体的、当下的需求做出了回应。冲突转化面临以下挑战：我们需要怎样的变革和方案？要在哪个层级应对？围绕哪些问题考量？包含在哪些关系中？

这一框架突出了一项挑战性工作的重要性，即如何终结不想要的事物以及如何创建想要的事物。我们要记住，这种方法将冲突解决的实践与冲突转化的方法联系起来，前者通常致力于寻求结束特定冲突不断"迭代"或反复的方法，后者致力于在关系和结构层级构建持续性变革。冲突转化在一方面需要应对当前的问题和冲突的内容，寻求为这两者找到双方都能接受的解决方案——通常是减少暴力并抑制冲突持续升级的进程。另一方面，这种方法不只是协商解决方案，更致力于建设某种新的事物，它需要我们在对关系模式和历史背景建立更广泛的理解后，再开启变革进程的协商。

转化既要商议解决的方案，也要商议社会变革的方案。它要求我们能够透过当前问题，超越问题，看到更深层次的模式，同时寻求一种创造性的回应，以及时应对实际发生的问题。然而，为了更全面地理解这种方法，我们需要更完整地理解建设性变革的平台是如何被概念化的，又是如何发展为进程结构的。

7

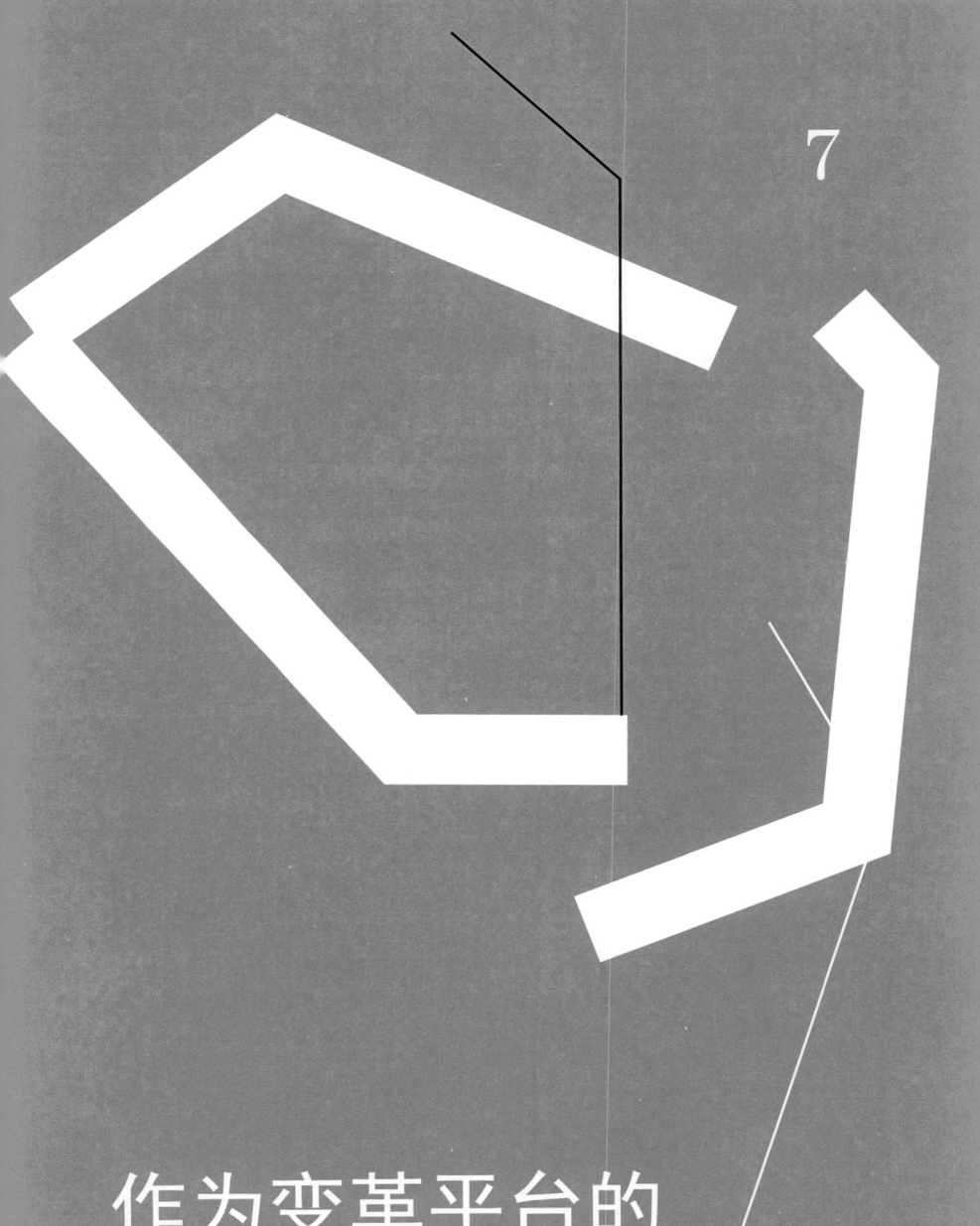

作为变革平台的进程结构

脑海中有了概念图或示意图之后，我们现在必须要考虑冲突转化是如何实际操作的。

我们面临的主要挑战是：如何建设和维持一个平台或战略规划，使其能够适应并按照预期产生持续性的变革，同时创造性地回应当下的需求。

为了应对这一挑战，我们可以把平台看作一种进程结构。

在新科学中，进程结构被描述为具有动态性、调适性和变化性的自然现象，同时又保持着功能性和高辨识度的形式和结构。

玛格丽特·惠特利（Margaret Wheatley）将其称为"随着时间的推移保持形态但没有僵化结构（rigidity

of structure）的东西"[1]。矛盾的是，这个现象既是循环的（circular），又是线性的（linear）。通过将两个术语——"进程"（process）和"结构"（structure）结合为一个复合词，我们想强调的是：该单一概念融汇了两个相生相成的特性——调适性（adaptability）和目的性（purpose）。

冲突转化将冲突本身以及我们对冲突的反应视为具有上述两大特性的进程起点。变革本身就有一种进程结构的感觉。它提醒我们，要更细致地探讨如何理解循环和线性的区别以及它们各自的作用。

循环与线性的二象性

循环意味着绕圈。有时，**循环**一词有负面的含义，例如**循环思维**（circular thinking）。**循环**也有积极的意蕴，首先，它提醒我们，事物是相互联系的。其次，它提醒我们事物的发展往往是从其自身的进程和动态

---

[1] 参见玛格丽特·惠特利（Margaret Wheatley）在《领导力与新科学》（*Leadership and the New Sciences*. San Francisco, CA: Barrett-Koehler, Publishers, 1994, p. 16.）中的讨论。

发展中汲取养分的。最后一点对我们的探究最为关键，循环的概念告诉我们，变革的进程不是单向的。我们在努力构建建设性响应的平台时会经历高潮，也会经历低谷，这时，记住这最后一个要点就显得尤为重要。

循环性表明，我们需要认真思考社会变革究竟是如何发生的。我们常会通过后视镜来观察变化[1]，观察事物变动的模式。但是，当我们处于变革之中，在朝前看，想着我们可以做什么时，变革的进程从来不会那么明晰和有序。循环圈提醒着我们，变化并不是匀速的，也不是单向的。

变革之圈

我们可以先按事物发展的先后顺序绘制一个圆圈（如图 7-1 所示）。我发现，如果想画好这个圈，留意人们实际感受到的变化是很有帮助的，特别是当人们特别关心某种社会变革时，抑或是当他们困于一个棘手冲突的风暴眼时。图 7-1 标明了四种常见的体验，

---

[1] 作者想表达的是，我们总是在经历事物后方才理解事物。——译者注

图 7-1 变革之圈

它们各不相同，但每一种都与其他类型紧密纠葛在一起，都是变革循环的一部分。

有时，我们感到好像期望的变革正在发生，似乎是有所进展，事情正朝着期望的方向发展，朝着我们对自我的期待以及对彼此关系期待的方向前进。

有时，我们觉得好像陷入了绝境，仿佛一堵高墙竖在前方，挡住了一切。

还有时，变革进程似乎在倒退。我们感到有些已经取得的成就已然付诸东流。我们会听到这样的话："前功尽弃""功亏一篑"[1]。我们也会经历"逆水行舟"，也会"逆流而上"。这些比喻想强调的是，变革，即使是积极的变革，既有倒退时期也有前进时期。

更有时，我们觉得自己好像正在经历一场彻彻底底的溃败，事情不仅仅是在倒退，更是在分崩离析，就像是建筑物轰然倒塌。在冲突与和平建设的千回百折中，这些时期令人灰心丧意，这时人们常会说："我们只能再从零开始。"

---

[1] 本句原文为："In a single stroke, years of work have been set back." 直译为："多年的工作一下子就白费了。"此处为契合中文语境做了改写。——译者注

所有这些体验，虽然并非总是按照相同的时间顺序出现，但它们都是变革循环圈正常的组成部分。把变革理解为循环有助于我们认识到这一点，并对其有所预判。循环圈告诉我们，没有任何一个时间节点能够对宏观模式产生决定性的作用。相反，变革囊括了不同的模式和方向，它们都是整体的一部分。

循环圈的每一个环节都在告诉我们，欲速则不达。走到死路时或许可以审视现状；走回头路时或许能带来更多创新性的前进方式；走下坡路时可能会创造机遇，让我们以全新的方式进行建设。

在每一个环节中，循环思维都有实用性：从看，到看见，再到调适，它提醒着我们，变革，就像我们的生活那样，从来不是静态的，它是组成动态进程结构的一组循环圈。

另一方面，变革具有线性特征，线性是指事物从一点移动到另一点，在数学中，线段是两点之间最短的路线，它是笔直的，没有轮廓也不会拐弯。线性的思维走向与理性思维有关——纯粹通过逻辑因果来理解事物。那么，这与我们刚才所描述的那种并非是单向的，或非纯粹逻辑性的那个变革的特性又有什么关系呢？理解变革的线性特征需要我们思考它的整体走向和目的。这是另一种重要的思维方式，能让我们看到有着不同要素的模式网络，它们相互关联并向着一个整体的方向发展。

线性的观点认为，社会推动力的大方向，通常无法用肉眼察觉，而且在短时间内不会显露。线性的思维方式让我们后退一步，看看社会冲突的整体走向，看看我们所追求的涵盖了历史和未来的变革。具体来说，我们需要观察循环的模式，而不仅仅是看到眼前正在经历的东西。

作为进程结构的变革

图 7-2 形象地展示了一个简单的进程结构。这张图把动态的圆圈组成的网络联结在了一起，产生了整体的动量（momentum）与方向。或许有人会称其为螺旋（rotini），一个由多向型的（multi-directional）内部模式组成的螺旋，共同形成了一项整体运动。

在科学界，线性思维的反对者认为，线性预设了一种确定性的变化观，这种观点阻碍了我们预测和控

图 7-2　一个简单的进程结构

制结果的能力。虽然这一警告有其价值，但我并不认为不可控论与决定论的观点不能与目标和方向兼容。我们必须像西班牙人所说的那样，要"找到北"[1]；我们必须要阐明我们认为变革在现实中是如何发生的，它在朝着怎样的方向发展。这就是以线性的方式审视事物的益处：它要求我们清楚地表达我们对于事物是如何关联的，运动是如何产生的，以及事情在总体的方向上是怎样变动的看法。换句话说，线性的方法迫使我们把我们的变革理论说清楚，并且去验证它，这些理论往往隐藏在层层修辞之下，往往是我们的下意

---

[1] 在西班牙语中，"找不着北"意味着迷失自我。——译者注

识反应[1]，未被发掘和唤醒。线性思维者会说："嘿！光有好的愿望还不够。我们的行为究竟如何创造变革？什么在发生变革，以及在朝着怎样的方向发展？"在冲突中创造一个转化的平台的关键在于，将循环和线性的观点适度有机地结合在一起。

转化平台

运用冲突转化的方法时，我们要在冲突的中心建立一个持续性的、具有调适性的基底（base），即一个"平台"（platform）。这个平台就像一个脚手架与蹦床的结合体（scaffold-trampoline）：我们可以站在上面，也可以借助它起跳。平台包括了我们对冲突的各个层面的理解（即"全景图"），应对当前问题和冲突的进程，对未来的展望，以及朝着这个方向迈进的变革进程方案。有了这个基底，我们就有可能开启创造性解决短期需求的进程，与此同时，也能开启在系统和关系层

---

[1] 作者在此处使用的词汇是膝跳反射（kneejerk responses and actions），膝跳反射是一种非条件反射（unconditioned reflex），是外界刺激与有机体反应之间与生俱来的固定神经联系，不需要后天的训练就能引起反射性反应。——译者注

面进行战略性的、长期性的和建设性的变革。

　　图7-3呈现了上述理念——给进程结构（如图7-2所示）加上了升级的冲突事件，下方是平台。进程结构的螺旋部分可以看作冲突的中心，冲突的高峰或波峰可以看作冲突事件。冲突和变革进程中整体性的消涨产生了贯彻始终的基底，在此基础上可以激发进程。冲突的升级为建立和维持这一基底创造了机会。从冲突转化的视角来看，制订一个进程来为当前的冲突或问题提供解决方案是重要的，但这并不是关键。从长远来看，更重

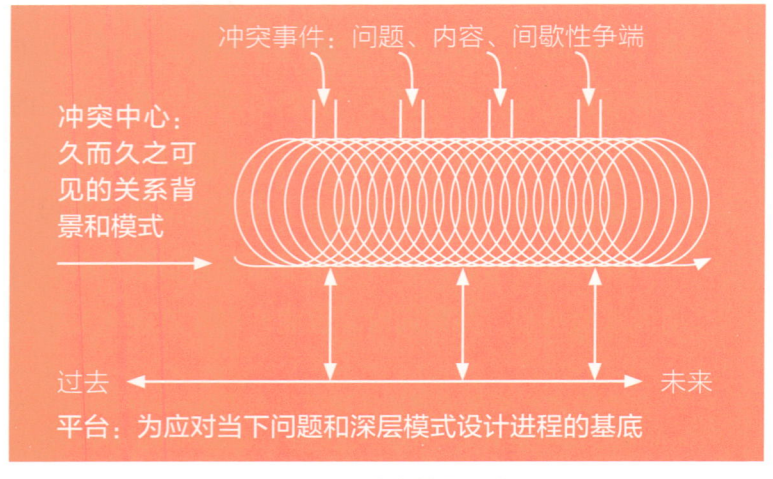

图7-3 冲突转化平台

要的是激发下列进程:(1)对当前和未来不断重复的冲突事件应权通变;(2)应对冲突中滋生暴力和破坏性表现形式的那些更深层次、更长期的关系和系统模式。

冲突转化的平台必须兼具短期应对能力和长期战略性。为了对冲突事件、背景和冲突中心做出反应,必须具备产生变革进程并不断革新的能力。由于其动态性和复杂性,平台表现为一个进程结构,而不仅仅是单一的进程或单一的结构。一个冲突转化平台必须具有调适性,因为在它看来,冲突和变化是永恒的,但具体的解决方案和操作形式是暂时的。

冲突转化是一条有既定目标的循环之路,开启这趟旅程需要做一些准备。

8

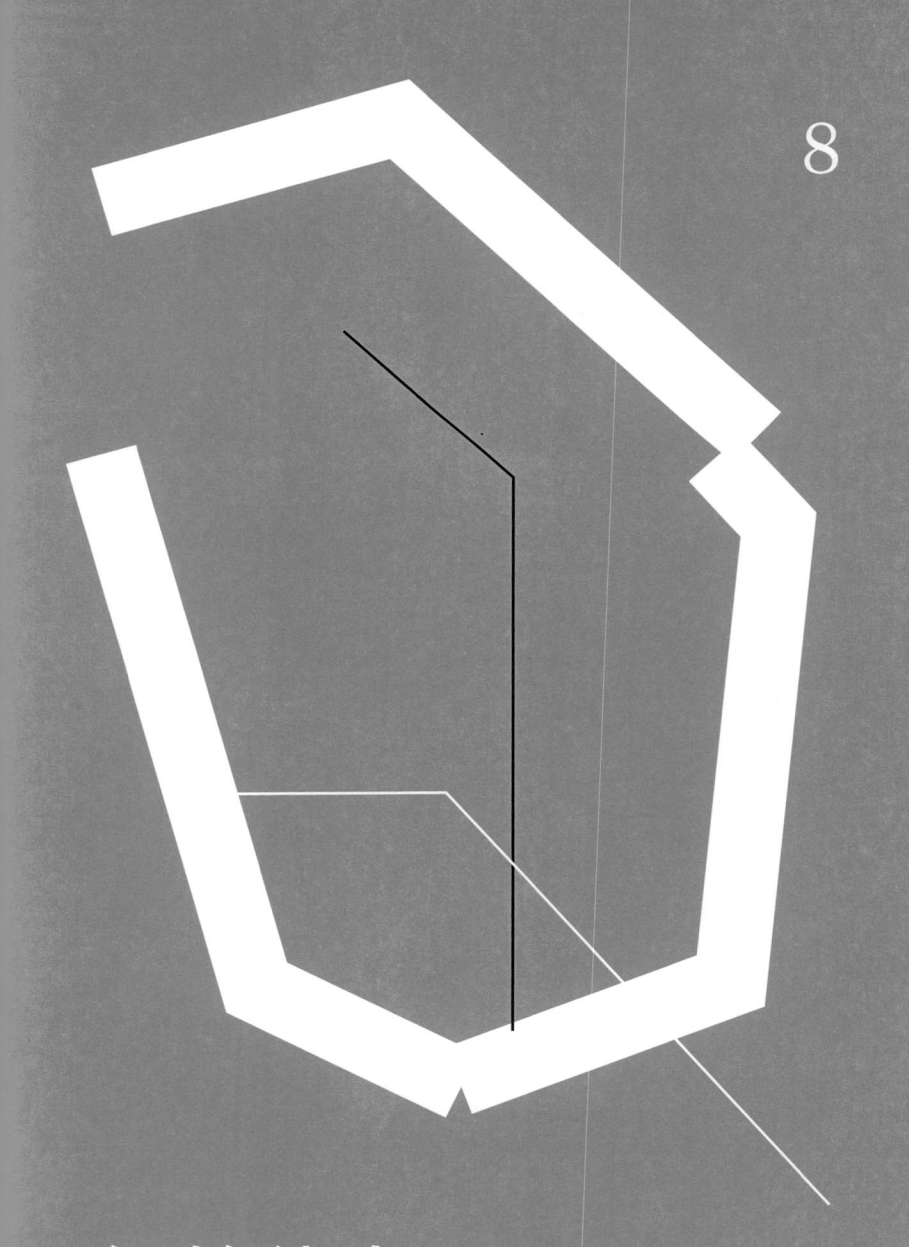

锤炼能力

当我对冲突转化的思考从概念性转向应用性时，我发现培养以下个人实践技能是非常重要的。

实践技能一

培养将当前问题视为一个窗口的能力

转化的方法要求我们培养一种审视当前局面的能力，而不是被眼下问题的需求所迷惑，淹没其中或受它驱使。我们需要培养一种能力，来消除寻求快速解决方案时的紧迫感，以及随冲突升级而产生的对关系系统的焦虑。

掌握这项实践技能的要领需要进行如下训练：

（1）有超越当前问题进行审视与观照的能力。

（2）有共情力（empathy），能理解他人（或其他群体）的处境，但不卷入他们的焦虑与恐惧。

（3）有制订应对方案的能力，能够认真审视当前问题，但又不受快速解决的需求所驱使。

那么我们该如何做到这一点呢？有一种方法是将当前的问题想象为一个窗户。窗户本身的重要性不言而喻，但一旦窗户被安装到位，我们就很少会去关注窗户本身，而是透过玻璃，将注意力集中在窗外的东西上。同样，在冲突转化中，我们不宜把注意力集中在问题本身，寻求一个表面上的快速解决方案。相反，我们要透过问题，关注当前局面之外的景象。这需要我们区分冲突的内容和背景。

当将当前的问题作为一个窗口时，我们应使用两种"透镜"来看待冲突。其一是聚焦于冲突的实质内容（substance of the content），另一种则是试图透过内容看到冲突背景和关系模式的特征。这种方法要求我们将一些人所说的危机征候内容（symptomatic content of a crisis）与基本情绪过程（underpinning emotional process）[1] 区分开来。

这种观察和透视的能力，能帮助我们设计一个以变革为导向的进程，能让我们对当前的冲突内容做出反应，同时也能在更大的范围内应对冲突滋长的状况。

实践技能二

培养整合多个时间表的能力

培养透过窗口看到当下状况的能力还需要进行第二项训练：不受短期时间观约束的思考和行动的能力。但这并不是说，我们只是为了防止或者纠正在危机心态下工作的短视性才去从长计议。相反，它意味着制定能将短期应对与长期变革相融合的战略；我们必须做到短期应对与长期战略兼备。

1　参见霍克（Hocker）和威尔莫特（Wilmot）在《人际冲突》（*Interpersonal Conflict*）中对内容和关系的讨论，或埃德温·弗里德曼（Edwin Friedman）在《一代又一代》（*Generation to Generation*）中对焦虑、情绪过程和征候内容的讨论。

这种方法需要一个具有多重时间表的进程，其关键在于能够适应时间线的多重性。

帮助我们培养这种能力的具体方法是：将时间可视化，将其与不同层次的具体需求联系起来。一个涉及组织文化的系统性变革进程，可能需要将其视为持续数年的进程来考量。比如，各部门如何在一个组织内部进行重构和协调，以体现一个新的组织愿景。当讨论仍在进行时，谁来负责接下来一年每周六的工作？这需要一个短期、快速的进程，为解决具体的问题提出明确、可操作的方案。

如果人们能够看到发生了什么、何时发生以及为何发生，如果人们有一个可视化的时间表，能够整合并标记出各种类型的进程和应对每个进程所需的时间，人们就能更加容易理解快速的解决方案和长期的战略变革的理念。以冲突转化为导向的实践者必须培养这种能力，要知道在应对不同类型的变革时，可能需要用到哪些进程时间表。

实践技能三

培养将冲突的能量当作两难问题来处理的能力

我常使用"与此同时"这一短语将两个想法联系起来，这不仅仅是我个人写作中的一个癖好，也已经成为我思考和形成观点的一个习惯。这反映出我努力将个人的思维模式从非此即彼转变为两者兼而有之的理念。我愿称之为将冲突视为一种解决两难问题的艺术和规程。

在根深蒂固的、暴力的冲突环境中，我萌生了冲突转化的想法。彼时，有些非常棘手的问题需要我们立即关注并做出抉择。在抉择时，我们似乎会陷入一个个彻头彻尾的矛盾之中，这些矛盾是由当事人甚至作为实践者的我们自己构建的。例如20世纪90年代初，我们这些在索马里救济和援助机构工作的人，每天都处于灾难性的战争、干旱和饥荒中，艰难地做着一些影响深远的抉择。向何处投入精力？该如何应对？而这些表层的选项似乎没有一个是权宜之计。我们是否应该提供粮食和救济援助，即便我们知道一些武装团体会用它们来支撑战争，而战争本身又是导致饥荒和救济需求的关键因素之一。又或许，我们不应当寄送粮食，以免无意间助长冲突，而是应当致力于和平倡议，即便我们知道严峻的人道主义困境会让我们感到无能为力？屡次三番，我们提出问题的思路限制了我们所能采取的策略。

当我们把设问的句式改为"既……又……"（both ...and...）时，我们的思维就发生了变化。我们开始认识到在冲突的环境中存在不同的但绝非不相容的目标和能量是合理的。我们也不再接受某套规范或信条，任由它驱使我们在彼此竞逐的能量之间进行选择，相反，我们重新构建了问题，同时考虑两者：我们如何建立、增进和平的能力，同时又为人道主义援助建立反应机制？这个问题一经提出便赋予了我们一种能力，即认识到潜在的能量，并制订整合性的进程和对策，将这二者结合起来。

在冲突中，当我们接受两难（dilemmas）和悖论（paradoxes）后，我们可能不是在应对完全不相容的问题。相反，摆在我们面前的是，要认识到复杂局势中存在着不同但相生相成的方面，并且要学会应对它们。如果我们以非此即彼和二元对立的死板模式来思考我们的选择，面对复杂性，就无法应对自如。复杂性要求我们培养发现局势中关键冲突能量的能力，并将它们作为**相生相成的目标**来看待。

可以用一个简单的公式帮我们进入两难和悖论的世界。在现实生活中要想使用它，需要进行大量的重复练习，也需要创造力。这个公式是这样的：我们如何能在应对"A"的同时构建"B"？

冲突转化的核心能力是从两难的视角审视冲突的能力，以及将显性的矛盾和悖论相容的能力。两难的艺术创造了一个简单的方法，让我们看到冲突的全景，并推动我们采取具体的行动。

> 将显性的矛盾和悖论相容的能力是冲突转化的核心。

两难意味着复杂性，这种观点揭示出人们有能力与复杂性共存，有能力看到复杂性的价值。

此外，它要求我们反对不顾大事小情，一律按照一套有条理、有逻辑的标准方案来推动问题的解决。这就要求我们培养另外一种能力。

实践技能四

培养将复杂性视为朋友而非敌人的能力

在冲突中，特别是当关系模式与冲突事件长期存在且没有得到建设性应对时，人们会感到不知所措。你可能听到过这样的话："情况真是一团糟。实在太复杂了。真是千头万绪，而我不知从何说起。"这些都是复杂性出现的迹象。冲突转化的一大挑战是如何使复杂性成为朋友而不是敌人。

在冲突升级的时候，复杂性让我们被迫陷入关于事物意义千头万绪且纠缠不清的思考之中。很多事情在多个层面发生，在不同的人之间发生，而且都在同一时间发生。复杂性意味着多重性和共时性。究其本质而言，冲突的复杂性造就了一种模糊性和不确定性不断增加的氛围，让冲突事件扑朔迷离。正在发生的一切究竟意味着什么？我们对此感到不安。我们无法确定它的未来走向，好像根本无法控制。难怪我们会将复杂性视为让人头疼的敌人，也难怪我们常常认为通过将问题简单化或者解决矛盾才是出路。

我们对复杂性都有一定的容忍度，但也都有一个饱和点。当达到饱和时，有些人会选择逃避；有些人会继续坚持，试图寻找一个快速的修复办法或解决方案，以消除复杂性。还有人试图通过忽视多重的意义和表现来减弱其影响。如果我们只停留在对事情的单一解释之上，并且固执僵化地坚持下去，那么复杂性就会成为敌人。

有趣的是，正如亚伯拉罕·林肯[1]所说，"真正摆脱敌人的唯一方法就是化敌为友"。虽然复杂性会让我们感到有太多的东西需要迁思回虑，但它也为建立人们期望的建设性变革带来了无限可能性。变革不仅仅局限于一件事、一次行动、一个选项，这就是复杂性有益的一面。它可以让我们体验一种在糖果店里当孩子的感觉：限制我们的不是选择太少，而是无法亲身体验到所有选择所蕴含的蓬勃潜力。

1　亚伯拉罕·林肯（Abraham Lincoln，1809年2月12日—1865年4月15日），美国第16任总统。——译者注

第四个实践技能的关键是信任和追求,但绝不是僵化死板。首先,我们必须要相信各系统有能力为变革和进步创造各种选择和路径。其次,我们必须追求那些看上去最有望实现的建设性变革。再次,我们绝不能僵化地囿于一种想法或一种路线。

复杂性通常会带来多种选择,如果我们细心关注这些选择,我们往往可以创造新的方法来审视旧的关系模式。

实践技能五

培养倾听和理解身份认同的能力

我在上文反复指出,我们应该在冲突的中心探寻并审视现状背后的背景模式。但我们究竟要寻找什么,倾听什么呢?经过很久我才认识到,在嘈杂的冲突环境中听到并理解那些正在挣扎着、迷失着的身份认同的声音才是最重要的。根据我的经验,身份认同问题是大多数冲突的根源。因此,理解和尊重身份认同的能力对于理解冲突的中心至关重要。

身份认同问题是保护自我意识和群体生存的根本，在冲突中起到举足轻重的作用。身份认同形塑并推动了冲突的外显，它通常扎根于深层的需求感知和结果预期，再通过当前问题表露出来。究其根本，身份认同关乎人们如何看待自己，他们是谁，他们来自哪里，担忧自己会变成什么，或是失去什么。因此，身份认同深深根植于一个人或一个群体对其与他人（或群体）如何发生关系的感知，以及这种关系对其参与者的自我和群体认知有何影响的感知。身份认同问题是冲突的基础，但是它们在冲突中很少得到确切的处理。

身份认同不是一个僵化的、静态的现象，相反，身份认同是动态的，会经过不断的定义和再定义的过程，这一点在冲突期间尤为明显。理解身份认同最好的方式是从关系着眼。如果我们的世界除了蓝色没有别的颜色，那么蓝色就意味着无色。为了区分出蓝色，我们需要一个色彩矩阵（matrix of colors），这样，在色彩关系中蓝色才有身份和意义。

这就为冲突转化的进程带来了挑战：我们如何创造这样的空间和进程，激励人们在与其他人和其他群体的关系中清晰表达积极的身份认同，而不是对他人做出过激反应。在冲突中，人们常常感到被巨大的恐惧和未知包围，在此时，避免过激反应，减少抱怨，同时提升清晰表达自我感知和地域感知的能力，着实是一项挑战。

若想运用这项实践技能，我们需要做哪些练习呢？

首先，我们需要培养一种能力，在"身份认同"出现时能够看到和听到它。要留意那些标志着身份认同焦虑的言语、隐喻和表情。有时它们是含糊的，比如："五年前，这所学校没有一位老师会想到要开设这样一门课程，我们到底来干什么？"有时它们被称为"局内人"的隐喻，例如："先锋街的人已经不再在这个教堂里享有发言权。"（先锋街是教会所在的地方，但它也是私下代指第一代教会成员的标签。）[1] 有时它们又是明确的，有鼓动性的："这位警察局长的行动让赫蒙族[2]社区的生存受到威胁。"在任何情况下，都要留意声音背后的关切，它吁求一种自我感知，一种身份认同，一种如何经历和定义关系的方式，它也吁求

---

[1] 在中文中不直接称呼事物名称，而是用与其密切相关的另一种事物来称呼的修辞手法，通常被称为"借代"。——译者注

[2] 赫蒙族（Hmong）是一个跨境民族，在中国称苗族，在越南名为赫蒙族。——译者注

将话语从内容层面带到核心层面。如果你没有听见呼声，就无法触及冲突的中心。所以第一步便是关注身份认同的声音。

第二步，朝着身份认同的诉求前进，而不是远离。我们要认识到，冲突要求我们处理身份认同和关系问题。但这并不能取代应对冲突表面上的具体问题和具体内容的进程。这两个进程都是必需的。为特定问题制订解决方案可以暂时缓解焦虑，但它很少能直接解决更深层次的身份认同和关系问题。

为了探讨这些更深层次问题，我们要致力于创造交流和对话的空间，而不是以快速谈判解决问题为目标。此外，处理与身份认同有关问题的关键在于，不要预设这项工作主要是直接的不同身份间的交流。这个过程中最关键的部分往往是开拓内在的、自我的或群体间的空间，在这一空间中我们可以安心且深刻反思当前的形势、各方的责任以及我们究竟在期望什么，恐惧什么。

在没有筹备框架和充分支持的情况下，不合时宜地推动不同身份间的交流，结果可能会适得其反，甚至具有破坏性。在应对身份认同时，我想提出三个指导原则，这些原则应该成为这一进程的特征，即坦诚、迭代学习和适当的交流。

强制永远无法带来**坦诚**。然而，我们可以努力创造进程和空间，让人们体验到足够的安全感，能够对自己和他人深入袒露恐惧和希望，创伤和责任。不断升级的冲突循环和冲突事件，创造并强化了一个能够威胁身份认同的不安全的环境。反过来，对身份认同的威胁让人产生一种自我保护的倾向，这种倾向虽然不会与坦诚相对立，却会使人倾向于削弱自我反思时的坦诚，转而在意他人反思时的坦诚，比如，我能清晰明了地看到你的过错，但我却不能清晰明了地看到自己的责任。深挚的坦诚同安全和信任密不可分，我们需要持续关注这一进程如何创造并维系具有这些特征的空间。

迭代学习这个短语暗含了一种循环的思想。迭代，就是重复。它需要一轮又一轮的互动。对于身份认同问题尤其如此。

> 永远不要忽视别人的观点或对之评头论足，而是应该尝试理解其根源。

"我是谁？""我们是谁？"这些问题是理解生活和社会的基础。然而，深入谈论自我、群体和关系，从来不是一件容易的事，也不是首要的问题。身份认同也不是僵化和一成不变的，理解和定义身份需要一轮又一轮与他人、与自我的互动。身份认同的发展、商议和定义需要与他人互动的过程，也需要对自我的内在反思。整个过程是一个学习过程，而学习的速度可能因人而异。这一点很重要，因为我们必须认识到身份认同不可能毕其功于一役，它是一个迭代的学习过程，是在与他人的交往中实现的。

因此，那些支持或促进转化进程的人，需要考虑如何创建多重的对话平台来应对身份认同问题。我们通常认为交流是一个一次性事件，处理了身份认同问题后就完结了。但是，更好的做法是将进程视为一个平台，让我们持续了解自我和他人，同时就身份认同问题进行更深层次的讨论，并就此形成决策。这就是为什么，在冲突转化看来，北爱尔兰贝尔法斯特或波塔当游行[1]的争

---

1 北爱尔兰游行危机由来已久。1690年博因河战役中，英格兰国王威廉三世率领新教教徒打败了天主教君主詹姆斯二世，确定了新教教徒在爱尔兰的统治地位。从19世纪初起，一些新教教徒每年夏天都要举行游行活动以庆祝这场胜利。游行常会激起新教与天主教教徒之间的冲突，暴力事件频发。其中，贝尔法斯特（Belfast）和波塔当（Portadown）是冲突易发地区。——译者注

端既是一个需要对冲突事件做出具体决策的问题，又是一个迭代平台，可以发掘和塑造具有共同童年记忆和地域背景的人的身份认同。你可以将偶发事件作为探索身份认同的契机，然而就具体问题进行决策制定的时间和机会是有限的，它不足以形成解决身份认同问题的机制。

当我们在寻求恰当的互动或交流形式时，很容易陷入以技术为导向的对话方式中，认为对话只能在直接面对面的过程中发生。但所谓"恰当的交流"启发我们，学习和加深对身份认同和关系的理解有许多种方式。我们不要过分陷入对"过程"的关注，认为"通过谈话来交流"就是彼此理解的唯一途径。在深层的身份认同问题中，情况可能恰恰相反。恰当的交流可能包括音乐、美术、仪式，也可以通过体育、娱乐、游戏来联络感情，还可以共事，一同保护旧城区或公园。上述途径可能比谈话更便于人们学习和理解。这便是第五种实践技能的关键，即发现机会的能力，以及设计具有革新性和创造性的应对进程的能力。

最后，我们需要关注人们的看法：身份认同如何与权力相连，又如何与那些组织并支配了人们关系的系统或结构相连。对于那些感到自己的身份认同在过去被侵蚀、被边缘化或受到严重威胁的人来说，这一点非常重要。由此，变革进程必须要应对的是，结构关系是如何成为观念的象征或表征的。这一问题的关键在于，永远不要忽视别人的观点或对之评头论足，而是应该尝试理解其根源。千万不要把尝试解释或修补结构性秩序作为一种策略，认为这样就可以避免深入深层观念。在应对基于身份认同的关切时，我们应当鼓励参与者保持坦诚的态度看待和应对系统性变革，确保他们既尊重结构又对其有开放的态度。

对于我们许多人来说，这些技能并不是天生就掌握的，需要我们投入时间并加以训练。习得这些技能，能够提高我们对冲突进行变革性思考和应对的能力。

9

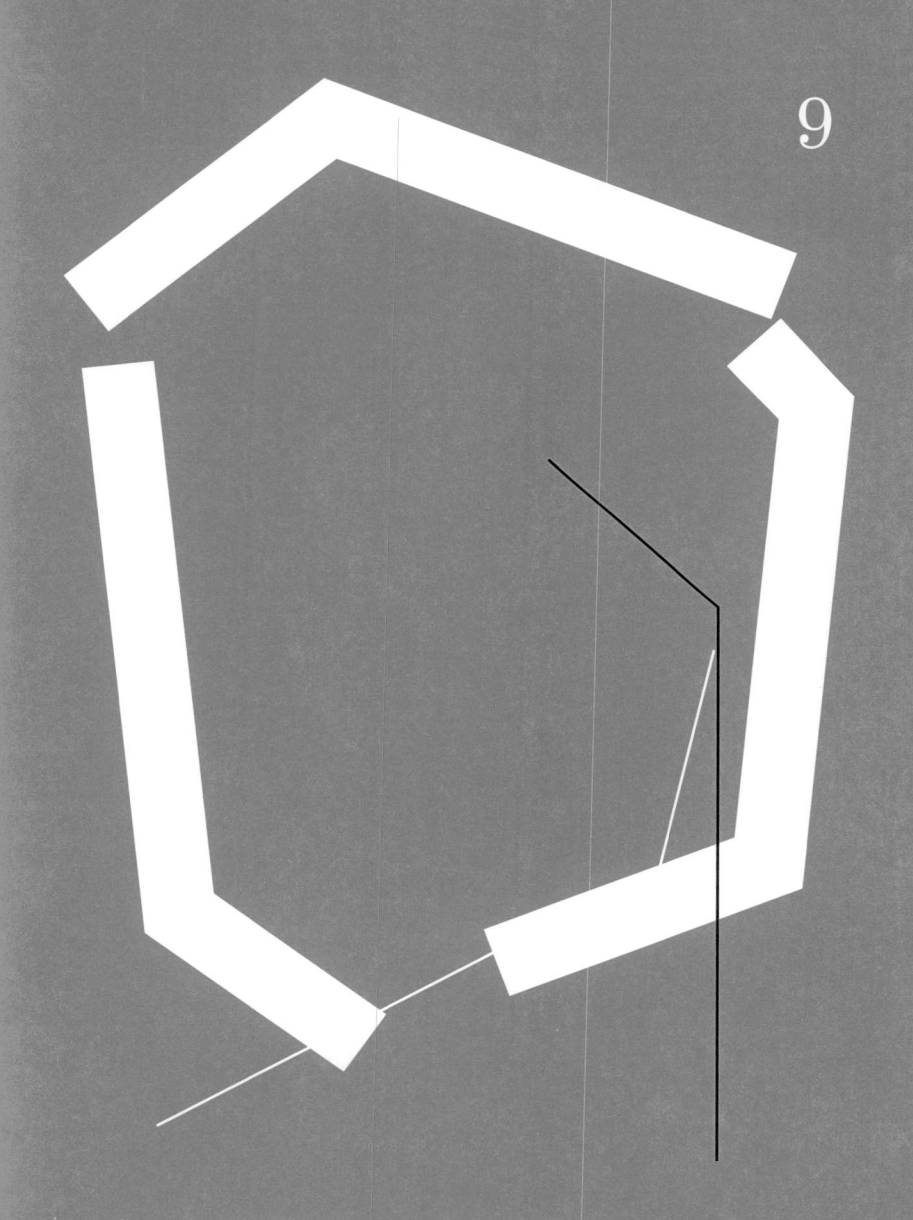

应用转化的框架

我住在科罗拉多州的一个小镇，此刻我正坐在镇上的一家咖啡馆里，旁边有几个人正在热烈地讨论着一项逐渐发酵的关于当地警察的争议。在过去的两个月，镇上的报纸充斥着写给编辑的信，强烈反对近期的警务行动。原因是最近警方似乎开始重点关注超速和空档滑行停车的问题。

我邻桌的一人细致叙述了她近期因超速被开罚单的经历，嗓门越来越大。她说自己已经20年没有被拦停过了，她深信警方当前的行动是小镇的一种创收策略。最后她慨叹到，这个小镇曾经是个友善的小镇，而现在小镇居民的公民权利正在丧失。几周前，在小镇主街上组织了一次抗议游行，随后举行了一场公共论坛，人们宣泄不满，并主张制订下一步行动计划。

　　这并不是第一次围绕警察产生争议。四年前，报纸上主要抱怨的是警察对求助电话的反应太慢，特别是处理外州人非法营火的警情时。去年写给编辑的信中，人们广泛讨论了警察的人事问题以及警方最近一次开火时哪些该做，哪些不该做。我无意中听到一位警察的朋友说："有人说他们行动太慢了，有人说他们过分关注车速问题了，他们必须把握好度。"这句话让刚刚收到罚单的人很不满。

　　在咖啡馆听说的故事，抗议游行的标语，以及给编辑的信中，我们可以看到前几章讨论的要素。在冲突转化视域下，我们该如何审视这场争论呢？作为一种回应方式的冲突转化平台有可能是什么样子的呢？本书作为一本时兴的"口袋书"，让我们以"口袋书"的风格来想象一下，我们的透镜会看到什么，我们能给出怎样的建议？

（1）我们的透镜聚焦于何处？

使用冲突事件的透镜可以看到：

❶ 近期的时间表中（最近几个月）争议有所增加，社区对警察的关注以及紧张局势也愈演愈烈，这需要得到解决。
❷ 冲突的内容是关于某类特定的行动和行为。在这一冲突事件中，冲突的内容是关于超速罚单和拦停特定人群的行为模式。
❸ 关系中的不满与人们被拦停时被对待的方式有关。

使用冲突中心的透镜可以看到：

❶ 这并不是社区居民第一次和警方产生矛盾，各种不同的冲突内容中有着相似的情节模式。
❷ 关系模式表现为民众与警察长期以来的互动方式。
❸ 结构模式表现为社区居民如何看待警务工作的作用和责任，以及对警察的期待，也表现为警察和小镇官员对他们自身该如何尽到安全责任的看法。

④ 身份认同模式表现在公民、警察和政府官员如何看待这个小镇，每个人想要一个怎样的小镇，警务工作如何调和人们对过去的认知以及对未来的期待。

⑤ 相互依存关系和嵌入关系中的权力模式通过期待与沮丧，恐惧与希望表现出来，它关乎公民在治理结构中的位置，如何做出决策，以及如何参与（或被排除出）能影响他们生活的决策。

（2）通过透镜看到了什么问题？

关于冲突事件的问题：

① 我们能不能做些什么来解决这些看上去毫无根据的、因为超速而被拦停的问题？

② 当被警察拦停时，我们能否改善他们对待当地民众的方式？

③ 在一个行人众多的小镇上，公民在安全驾驶方面的责任是什么？我们能否达成共识？

④ 我们能否理解保障交通安全是法律授予警察的

权力，警方在协助维护安全并最终践行这项法律责任？

关于冲突中心的问题：

1. 我们能否讨论并制定一项关于地方警察和公民权利责任的法案，以防止滥用职权并增进安全。
2. 我们能否制订一个居民对小镇警务工作需求的长期愿景？警局的使命和角色应当是什么？他们该如何回应我们对小镇未来的期望和需求？
3. 我们能否建立一种机制，让公民有发言权，提出自己的关切，并提供一种规范化的和例程式的渠道让警察和民众之间能进行建设性的互动。

两难问题：

1. 我们如何在解决超速和其他安全违规行为问题的同时，设计一个进程来促进社区警务共同愿景的制订？
2. 我们如何在满足城镇的安全和保障需求的同时，提供一个能够协调公民和警察的义务与责任的机制，以满足当地公民、警察和政府官员的需求与期望。

（3）转化平台告诉我们什么？

❶ 这一起冲突事件创造了能量，激发我们去做一些能惠及更多人的事，这是探索有益于整个社区的潜能的机会，所以我们不能只关注眼前的问题。相反，我们应当回顾过去五年、十年甚至二十年的模式，让问题成为审视关系背景（也是我们社区背景）的窗口，然后再回过头来着眼于进程的设计。

❷ 我们需要既能应对眼前问题又适用于长期议程的进程。当前问题是了解重复模式基本特征的一个窗口。它们提出了一些在未来可能会有用的方法。我们还要思考多重进程，每个进程都需要涉及不同的时间表，但进程之间是相互关联的，举例来说，这些进程可能包括：

i. 能为表达不满意见，阐述当前需求和解决方案创造便利的社区论坛。

ii. 能为讨论对社区警务工作的期望而创造便利的社区论坛。

iii. 能在警察和公民之间建立定期交流和反馈机制的措施。

iv. 制定由公民、警察和政府官员参与的长期战略规划，旨在为警务工作确立使命宣言和指导价值。

v. 设立警务咨询小组的计划，该小组旨在创建让公民和警方能够商议、交流他们的关切、期望和担忧的具体途径。

需要注意的是，尽管可以同时考虑和启动每一个项目，但在执行的过程中需要不同的支持结构和时间表。有些是一次性事件，有些则是持续的进程，还有一些可能成为新的社会结构和社会资源。请记住，我们正在思考的是变革进程以及什么能够促进建设性的变革。

❸ 在提出应对当前局面的进程中，要考虑是否有办法建立新的和持续性的反应机制，以回应对警务方面的关切。例如，上文所建议设立的咨询小组或促进小组最初可能被视为制订快速解决方案的机制，但是它们也可能成为社区对长期问题做出持续性反应的机制。我们要这样想：鉴于过去的模式，我们可以预见未来会有新的冲突事件发生。我们能不能建立一些机制帮助我们做好准备并更有建设性地应对？这类机制实际上会成为一种新的社会空间和结构，需要由来自社区不同领域且持迥异观点的人组成。它们发起时可能是非正式的，然而一旦发挥作用，就可以起到更加正式的作用。如果它们在未来运作良好，就会成为应对新发问题的持续性平台，既起到预防作用，又起到促进作用。

❹ 机制设计中应包括一个能够讨论当前问题且能够持续对话的论坛。然而，这些进程不应完全依赖"谈话"作为对话的唯一机制。我们必须认真思考社区进程、事件和共同倡议，在这些

进程中，警察和社区之间自然会有建设性的互动，并可以在未来若干年内持续发展。

你想知道在现实生活中发生了什么吗？这个故事还没有结束，也从来没有所谓结局。但确实发生了一些有趣的事情。人们创立了几个增进社区沟通的论坛。一些积极主动的警员以及一些热心的民众进行了建设性的交流，倾听彼此。拟议中的警务咨询小组似乎正在筹建并初现雏形。这些迹象表明，冲突事件创造了一个窥探冲突中心的窗口。针对当前问题的解决方案已经启动，而且关系和身份模式的变革可能正在发生中。等五年后再来看看，到那时，你或许会想在你的家乡试试这些透镜，试着提出问题，搭建这类平台。

10

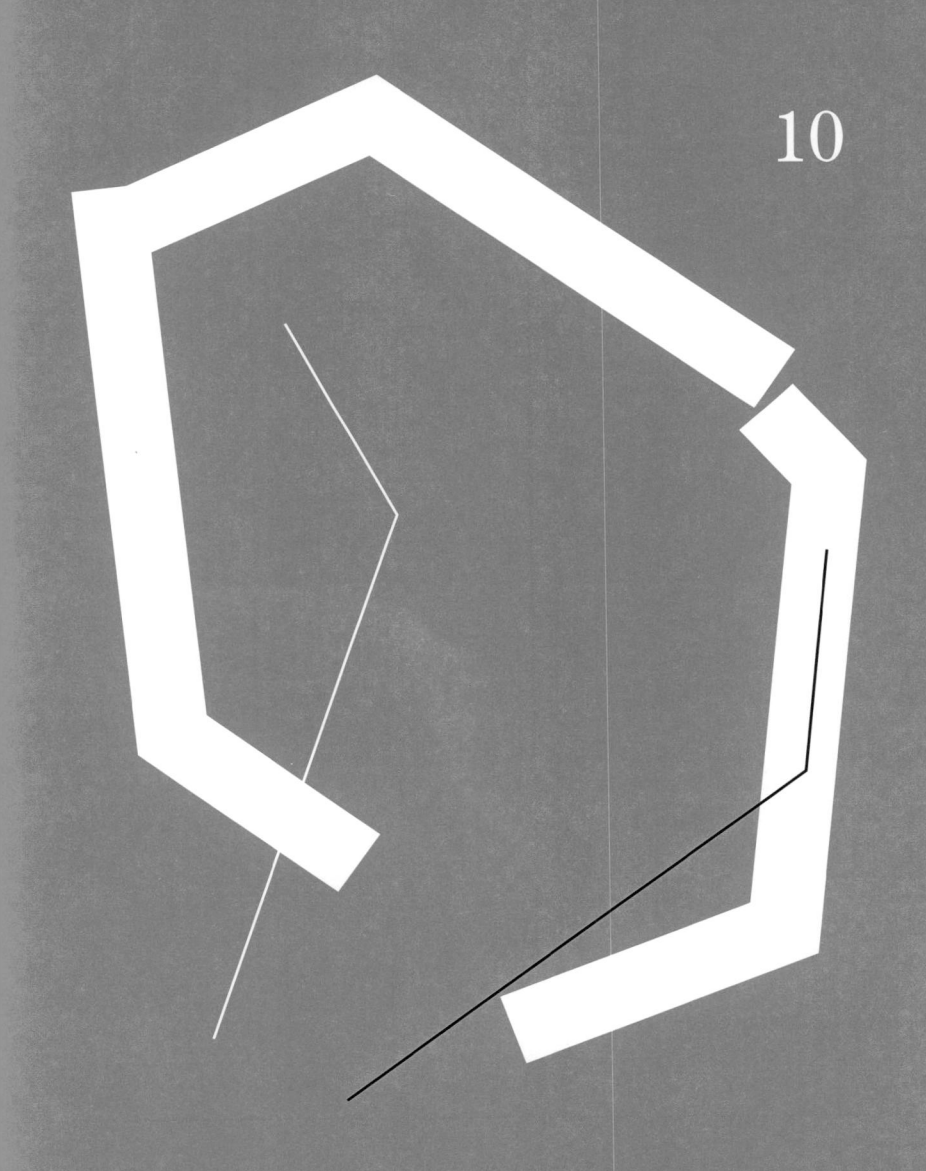

结论

冲突转化的透镜向冲突的参与者和实践者抛出了问题，这些问题强调了冲突中固有的建设性变革的潜力。这些透镜可以适用于多种冲突，从个人层面到结构层面的任何冲突事件中，都有实现更广泛变革的潜力。实践者所面临的挑战是评估这些情况是否值得投入精力，以设计针对特定情况的转化式应对手段。

这一框架最大的优势是，它能够考虑到多种应对手段。我曾指出，冲突转化基于冲突解决方法的成果，吸收其所长并加以整合。但是冲突解决的方法不一定蕴含转化的潜力。换句话说，你可以使用冲突转化的方法，并且得出结论说，最恰当的做法是快速、直接地解决问题，仅此而已。但是狭义上的冲突解决并不会主动提出能够激发更广泛变革潜力所必需的问题。

显然，冲突转化的方法更适用于某些特定情况。在许多冲突或争端中，简单的冲突解决的方法（如解决问题或谈判）是最为合理的。如果遇到那些需要快速和最终解决方案的争端，且争端的双方在过去、现在或未来几乎没有什么交集，这种情况下若再去探索关系和结构模式，价值显然比较有限。比如，两个互不相识且不会再有联系的人就某笔一次性生意的支付问题产生了纠纷，这就不是冲突转化的运用场景。如果非要运用，可能至多关注他们为什么会产生这一冲突事件，以及这种冲突事件会否在他人身上再次发生即可。

> 冲突解决方法的狭隘性或许能让问题得到解决，但我们会错失建设性变革的巨大潜力。

另外，如果过去有着重要的关系和历史，或者未来可能有重要的联系，又如果冲突事件是在一个组织、社区或更广阔的社会情境下发生的，冲突解决方法的狭隘性或许能让问题得到解决，但我们会错失建设性变革的巨大潜力。在那些反复发生的、根深蒂固的，且造成了破坏性和暴力模式的冲突事件的循环中，这一点尤为重要。从冲突转化的视角来看，这些情况总是可以提高变革的潜力。

然而，任何情况下我们都必须评估、权衡是否决定要采取一切可能的变革途径。我们家也并不是每次因为碗碟而发生争执时，都会进行深刻的变革探索。但是随着时间的推移，有些事情确实为我们深入反思交往模式、关系结构，反思我们作为个人和家庭成员的身份认同创造了条件，碗碟总是有这样的潜力。并不是每种情况都要追求变革，但是如果我们想这么做，除非我们有一个能激励我们探究的框架，给我们观察正在发生的事情的透镜，并提供工具来帮助我们思考建设性变革，此时，潜能才会被激发。这个框架就是冲突转化所能给予的。

或许最重要的是，冲突转化将一些大问题摆在我们面前：我们要去向哪里？我们为什么要做这项工作？我们想做出什么贡献？又想构建什么？我相信绝大多数选择在这个领域工作的实践者是被促进社会变革的愿望所吸引。我相信大多数致力于探寻建设性方法应对冲突的社区也有着同样的愿望，不仅仅有意维持现状，也有志于向善向好，他们想改变人类社会应对冲突的方式。这些实践者和社区想要改变的是从暴力和破坏性的模式向创造性、灵活性、建设性和非暴力的能力转变。

我也是上述实践者之一，也许我的私见让我看到了我想看到的东西——我们人类社会，无论是在地方还是全球，都处于历史性变革的边缘，暴力和胁迫的模式，将被彼此尊重、创造性地解决问题、个人与社会对话能力，以及保障人类安全和社会变革的非暴力制度所取代。这需要一个复杂的变革进程网络，它由对生活和关系的转化式理解为指导。这是我面对的挑战，也是我对冲突转化的希望。

愿万物的纷繁与你温暖相拥。

愿变革之风在你的背后轻轻吹拂。

愿你脚踏真实之路。

愿变革织就精彩的序章！

译名对照

adaptability	调适性
Anabaptist	再洗礼派
base	基底
basic human need	人的基本需要
Belfast	贝尔法斯特
big picture	全景图
circular	循环的
circular thinking	循环思维
conceptual framework	概念框架
conflict episode	冲突事件
conflict management	冲突管理
conflict resolution	冲突解决

conflict topography	冲突地形图
conflict transformation	冲突转化
constructive change process	建设性变革进程
content of the conflict	冲突内容
descriptive perspective	描述性视角
dilemmas	两难
Eastern Mennonite University (EMU)	东门诺大学
Edwin Friedman	埃德温·弗里德曼
empathy	共情力
epicenter of conflict	冲突中心
Generation to Generation	《一代又一代》
Hmong	赫蒙族
horizon	远景
horizon of the future	未来远景
human eco-system	人际生态系统
immediate situation	当前局面
immediate solution	快速解决方案
impulse	冲量
Interpersonal Conflict	《人际冲突》
intervening strategy	干预策略

Kroc Institute for International Peace Studies	克罗克国际和平研究所
linear	线性的
Margaret Wheatley	玛格丽特·惠特利
matrix of colors	色彩矩阵
Mennonite	门诺派
momentum	动量
multi-directional	多向型的
New Sciences	新科学
nonviolence	非暴力
paradoxes	悖论
patterns of relationship	关系模式
platform	平台
point of inquiry	探究点
Portadown	波塔当
prescriptive perspective	规定性视角
process–structure	进程结构
progressive lenses	渐进式眼镜
purpose	目的性
rigidity of structure	僵化结构

rotini	螺旋
social and public sphere	社会和公共领域
sphere	圈层
substance of the content	实质内容
symptomatic content of a crisis	危机征候内容
The University of Notre Dame	美国圣母大学
time frame	时间表
underpinning emotional process	基本情绪过程
web of relational pattern	关系模式网